目次

中大兄皇子×中臣鎌足
――野心と孤独を分かち合った　クーデターの共犯者たち……7
藤原定子×清少納言
――名作『枕草子』に託された深い愛……17
紫式部×筑紫へ行く人のむすめ
――大作家が「姉」と慕った名前のない親友……25
源義経×武蔵坊弁慶
――日本人に愛され続けるブロマンスの理想像……35
北条政子×静御前
――愛する人を失う悲しみを共有した女たち……43

足利尊氏×足利直義
——カリスマと策略家　完全「分業制」兄弟……51
豊臣秀吉×前田利家
——苦楽をともにした同僚同士の友情……59
ねね×まつ
——天下を支えた戦国の妻たち……69
石田三成×大谷吉継
——関ケ原で西軍を率いた名将たちの絆……77
立花道雪×高橋紹運
——「雷神・風神」と呼ばれた忠臣たち……85

葛飾北斎×滝沢馬琴
――喧嘩するほど仲が良い?!　江戸最強のクリエイターたち……93
歌川国芳×梅屋鶴寿
――江戸っ子人気絵師と年下パトロン……101
武市半平太×岡田以蔵
――過激組織・土佐勤王党のゆがんだ正義と信頼……111
近藤勇×土方歳三
――幕末最強コンビが生まれるまで……119
渋沢栄一×渋沢喜作
――従兄だけは損切りできない　日本資本主義の父……127

夏目漱石×正岡子規
——病床で友の手紙を待つ　文豪たちの友情……137

津田梅子×永井繁子×山川捨松×アリス・ベーコン
——日本初の女子教育を夢見た４人……145

石川啄木×金田一京助
——無頼の天才詩人に惚れ込んだ言語学者……155

宮沢賢治×保阪嘉内
——『銀河鉄道の夜』カムパネルラのような友……165

与謝野晶子×平塚らいてう×山川菊栄
——女性解放のために熱く議論を交わした女たち……173

装丁デザイン　川畑あずさ
装丁イラスト　斎賀時人

中大兄皇子 × 中臣鎌足

野心と孤独を分かち合った
クーデターの共犯者たち

飛鳥《あすか》時代、日本の政治体制を変えたクーデターが起こる。中大兄皇子《なかのおおえのみこ》とその右腕である中臣鎌足《なかとみのかまたり》が、時の権力をほしいままにしていた蘇我入鹿《そがのいるか》を誅殺し、その父、蝦夷《えみし》を自殺に追い込んだのだ。そうして、中大兄皇子にとって叔父にあたる孝徳《こうとく》天皇を擁立。皇子は皇太子に、鎌足は内臣《うちつおみ》となって「大化《たいか》の改新」と呼ばれる政治改革を進めたのである。大化の改新といえば、昔は蘇我親子を暗殺した事件そのものをさすのが一般的だったが、現在はこれを「乙巳《いっし》の変」と呼んで区別している。

この大化の改新は、蘇我氏の権力の裏でくすぶっていた中大兄皇子と、忠誠を尽くすべき主を探していた中臣鎌足の出会いからはじまる。

中大兄皇子は、先帝である舒明《じょめい》天皇と、その皇后だった皇極《こうぎょく》天皇の間に生まれ、本来ならば皇太子にふさわしい血筋であった。しかし、当時、皇位継承の最有力候補とされていたのは、異母兄であり、蘇我氏の血を引く古人大兄皇子《ふるひとのおおえのみこ》。蘇我氏の後ろ盾により即位した舒明天皇、その皇后となり跡を継いで即位した皇極天皇の御代において、蘇我氏は重く用いられ、その長たる蝦夷・入鹿親子が大臣として強大な権力を持っていのだ。自らの墓を天皇の墓を意味する「陵《みささぎ》」と称し天皇のようにふるまったり、古人大兄皇子に対抗する山背大兄王《やましろのおおえのおう》を襲って滅ぼしたりと、横暴が目立つ蘇我氏に中大兄皇子は憤りを感じていたのである。

同じく中臣鎌足も、若い頃こそ入鹿と同じ師に学んだこともあったが、序列関係を守らず我が物顔で国を動かす蘇我氏を快く思っていなかった。中臣氏は政治的な影響力の弱い、祭祀を司る家だったが、鎌足は秀才だったことから皇極天皇の異母弟である軽皇子《かるのみこ》と親しくし、皇族に次々と接近。自身と志が共にある、仕えるべき主を探していた。そうして見出したのが中大兄皇子だった。しかし、相手は天皇の息子。身分の違いからそうやすやすとは近づけなかった。

中大兄皇子19歳、鎌足31歳のとき、待ち望んでいた大チャンスが訪れる。蹴鞠《けまり》に興じていた中大兄皇子の沓《くつ》が脱げ、鎌足の足元に転がったのである。鎌足はひざまずいて恭《うやうや》しく拾い上げた。その姿に思うところがあったのか、皇子は鎌足に向かいあい、ひざまずいて沓を受け取った。年の差や身分差を越えて心を通わせた二人は胸の内を打ち明けあい、ともに同じ学問僧のところへ学ぶと、肩を並べて蘇我氏打倒計画をひそかに練った。『多武峰縁起《とうのみねえんぎ》』に曰く、藤の花が盛りの頃だったという。二人が「改新」を語らったとする奈良の多武峰は「談《かた》らい山」と呼ばれるようになり、のちに建てられた談山神社《たんざんじんじゃ》では、現在も春と秋に「けまり祭」が行われている。

蘇我氏暗殺の決行日。朝鮮からの使者を迎える儀式が執り行われている中、中大兄皇子は長槍を、鎌足は弓矢を持って息をひそめていた。鎌足が引き入れた二人の賛同者が剣で入鹿に切りかかる予定だったが、怖気づいてまったく動く気配がない。しかしターゲットが従者もなく帯刀もしていない、無防備な瞬間というのはこれを逃したらいつ訪れるかわからない。そうこうしているうちに、時間稼ぎをしているもう一人の仲間、蘇《そ》我倉山田石川麻呂《がのくらやまだいしかわまろ》が入鹿から疑われはじめている。そこで中大兄皇子は自ら剣で切りかかり、母・皇極天皇の見ている前で入鹿の首を落としたのである。翌日、皇子は入鹿の父・蝦夷を討つべく進軍したが、蝦夷は敵わないと悟り屋敷に火をつけて自ら命を絶った。この乙巳の変のあと、後ろ盾を失った古人大兄皇子は継承権を放棄して出家する。皇太子位は空席となり、皇極天皇は退位を迫られた。当然、皇位は中大兄皇子にまわってきたが、「殿下の兄である古人大兄皇子はまだ生きておいでです。弟である殿下が天皇となれば、なんと傲慢な弟に見えることでしょう。しばらくは叔父の軽皇子に皇位を譲りましょう。また機会はありますよ」（『日本書紀』より）という鎌足に深く感心し、中大兄皇子は皇太子に、軽皇子は孝徳天皇として即位することとなった。

　皇太子に甘んじたものの、実質的に権力を握っていたのは中大兄皇子だった。無名から一躍参謀職である内臣となった鎌足とともに、かつて二人で語らった天皇中心の国を目指して改革を進め、この国の基礎を築いた。ただし、これを伝える『日本書紀』の一部が、後世による改変であることがわかっており、その信憑性が議論されている。

内政の成功の裏には暗い面もあった。身内との勢力争いを経て皇位を手にしたためか、中大兄皇子は疑い深く、政敵に対して容赦がなかった。出家していた古人大兄皇子、乙巳の変の協力者であり義父でもあった蘇我倉山田石川麻呂、孝徳天皇の子で従兄弟にあたる有馬皇子《ありまのみこ》、みなに対して謀反の疑いをかけて死に追いやったのである。孝徳天皇とも対立した皇子は、捨て去るように天皇を遷都《せんと》先に残して帰京。気落ちした孝徳天皇はそのまま病没してしまう。中大兄皇子の苛烈なやり方に、明日は我が身と距離を取る臣下は多く、皇子が天智《てんじ》天皇として即位した頃には、彼に意見できるのは鎌足と実弟の大海人皇子《おおあまのみこ》だけになってしまっていた。

そんな中でも鎌足との関係は公私を問わず続いていたようで、『万葉集』には天智天皇（中大兄皇子）の采女《うねめ》を娶《めと》ることができた喜びを詠った鎌足の歌が残されている。

我はもや　安見子《やすみこ》得たり　皆人の　得かてにすとふ　安見子得たり

（私は、ああ！　安見子〈という名の天智天皇の采女〉を手に入れた！　皆が手に入れられないと思っている安見子を手に入れたんだぞ）

采女とは、天皇のプライベートな世話をする見目麗しい地方氏族の女性のこと。天皇の子を身ごもることがあったため、天皇の許可なく結婚することを禁じられていた。そんな采女を娶ったことを喜び、自慢する一方、天智天皇に対する感謝を、「安見子得たり」と繰り返すことで表した一首である。また、平安時代後期の歴史書『大鏡《おおかがみ》』には、「天智天皇が鎌足に娶らせた娘（安見子とも、天皇の妾だった別の女性とも考えられる）は天皇の子を身ごもっており、『男なら鎌足の、女なら我の子としよう』と約束したが、男の子が生まれたため鎌足の子となった」と記されている。つまり鎌足はお腹にいる男児ごと娘を下賜《かし》されたのだ。鎌足が天智天皇にこの上なく目をかけられていたことがわかると同時に、二人がどれほど親密だったかを示す逸話である。

　中大兄皇子が天智天皇となって1年も経たぬうち、鎌足は落馬により負傷し、床に臥《ふ》せってしまった。『日本書紀』によると、天皇は自ら足を運んで鎌足を見舞い、元気づけたという。

「天は賢者を助けるということに、どうして嘘があろうか。善を積んだ者の家には慶事があるというのだから、その印が現れないはずはない。もし、したいことがあるなら聞こう」と言う天智天皇に対し、「私はまったくの愚か者です。何を申し上げることがあるでしょうか。ただ、私の葬儀は簡素なものにしてください。生きては軍事でお役に立てなかったのです。死してなお、どうしてご面倒をかけることができるでしょうか」と、鎌足は返したという。

天皇の心遣いに大変に恐縮した鎌足は何も望まず、友好国百済《くだら》のため朝鮮半島に援軍を派遣した「白村江《はくそんこう》の戦い」で大敗を喫し、関係の悪くなった唐（中国）や新羅《しらぎ》（朝鮮）からの攻撃に備えなくてはならなくなったことを憂いてみせたのである。後日、天智天皇は鎌足に最高冠位である大織冠《たいしょっかん》と内大臣を授け、「藤原」の姓を与えた。大織冠を賜《たまわ》ったのはあとにも先にも鎌足だけであったという。以降、鎌足の子孫は藤原姓を名乗り、鎌足の子（『大鏡』いわく、前述の、天智天皇から譲られた娘が身ごもっていた男児）である。藤原不比等《ふひと》が繁栄の礎を築くと、平安時代には藤原道長が栄華を極めることとなる。

しかし、鎌足は藤原内大臣と呼ばれるようになった翌日、息を引き取ってしまった。政治的にも精神的にも支えとなっていた鎌足を失った天智天皇は、ワンマン色をさらに強めていった。特に問題となったのは息子の大友皇子《おおとものみこ》に跡を継がせようとしたことだ。血縁よりも長としての力量が重視されていた当時、実子よりも兄弟の方が皇位後継者として優位とされており、地方氏族を味方につけ勢力を拡大していた実弟の大海人皇子が皇太子と目されていた。その上、天智天皇は皇太子時代に身内を次々と手にかけていったため、息子の大友皇子には後ろ盾と呼べるような人物が自分しかいない。大友皇子の母が采女だということで血筋の問題もある。それでも皇位を継がせたかった天皇は、太《だい》政大臣《じょうだいじん》という最高職をつくり、実績のなかった大友皇子を任命したのである。
　天皇に刃を向けられていることを悟った弟の大海人皇子は自ら出家を申し出るのだが、臣下や民の目には天皇が忖度《そんたく》させているようにうつったことだろう。こうして高まった天智天皇への不満や不信感は、大海人皇子即位への後押しとなり、古代史上最大の皇位継承争い「壬申《じんしん》の乱」へと時勢を傾けていくのである。

　天智天皇にとって鎌足は、自身を天皇へと押し上げてくれた恩人であり、蘇我氏暗殺という大義を共に果たした協力者であった。鎌足の死後、天皇は体調に異変を感じはじめたという。血に濡れ、疑心暗鬼に陥りがちな天皇に、「信頼」を思い起こさせる良き理解者であった鎌足を失い、深い孤独を感じていたことだろう。天皇は、大友皇子が太政大臣となったのを見届けたあと、病の床についたまま帰らぬ人となってしまった。鎌足は中大兄皇子（天智天皇）の生きるようすがそのものだったのかもしれない。

中大兄皇子　なかのおおえのみこ

舒明天皇と皇極天皇の息子。中臣鎌足とともに蘇我氏を倒し孝徳天皇の皇太子となると、大化の改新を推し進めた。近江に遷都して天智天皇として即位。皇位継承権のなかった息子を重用し、大規模な継承争い「壬申の乱」を誘発した。

中臣鎌足　なかとみのかまたり

中大兄皇子とともに大化の改新の中核を担った。祭祀を司る家系に生まれ、はじめは鎌子《かまこ》と呼ばれていた。天智天皇（中大兄皇子）から藤原姓と大織冠という最高冠位を授かり、内大臣となった。藤原氏の始祖とされている。

藤原定子×清少納言

名作『枕草子』に託された深い愛

「春は、あけぼの。やうやう白くなりゆく……」、有名すぎるこんな出だしから始まる『枕草子《まくらのそうし》』。作者は清少納言《せいしょうなごん》。彼女が生み出したのは、日本三大随筆《ずいひつ》の一つである。平安貴族のリアルな生活や日本の美しい四季、宮仕えの様子などが描かれており、文学的価値だけでなく生活史としても貴重な書だ。しかしこの『枕草子』には清少納言の密かな思いが隠されている。それは彼女が仕えた年下の主、藤原定子《ふじわらのていし》への思慕だった。

清少納言は20代後半の頃、10歳年下の定子付きの女房（女官）になった。定子は一条天皇の唯一の皇后。一方、清少納言は貴族の娘ではあるものの、これまで出仕経験はない。清少納言は突然、日本国の最も高位の女性に仕えることになったのである。今でいえば、社会人経験ゼロの女性が、住み込みでお金持ちの屋敷に放り込まれるようなものだ。『枕草子』を読む限り、清少納言には機転もあり才知もある。しかしさすがに初めての出仕のときは、ひどく緊張したらしい。

そんな清少納言と定子の初顔合わせは『枕草子』の「宮にはじめてまゐりたるころ」の段で詳細に描かれている。初出仕の日、清少納言は初対面の定子を前に緊張していた。恥ずかしさに顔も上げられず、几帳《きちょう》の後ろで涙を流さんばかりにうつ伏せ続けていたという。しかし定子はそんな清少納言を気遣うように、絵などを見せながらあれこれと話しかけた。季節は冬。絵を指す定子の白い指は寒さのせいで淡紅梅色に輝いている。その指先を見て「かかる人こそは世におはしましけれ（こんなに美しい人がこの世にいたのか）」と清少納言は驚く。定子に退室を許され外に出た清少納言は、初めて外に広がる雪の美しさに気がつく。それまでは緊張で雪にさえ気づかなかったのだ……と、情感たっぷりに描かれる。これが二人の出会いだった。

清少納言はこの箇所以外にも、『枕草子』の多くの段に定子を登場させている。たとえば、阿吽《あうん》の呼吸の清少納言と定子を描いた「雪のいと高う降りたるを」。これは冬のある日、定子が清少納言に「香炉峰《こうろほう》の雪はいかに？」と問いかけるところから始まる。突然の主の質問に他の女房は戸惑うが、漢詩に明るい清少納言はピンときた。中国、白楽天《はくらくてん》の詩の中に「香炉峰の雪はすだれをかかげて見る」というくだりがある。つまり定子は外の雪を見たいのだ。この時代の女主人は、自らすだれを上げて外を見るような下品な真似はしない。しかし直接「雪を見たいから、すだれを上げて欲しい」と女房に頼むのでは面白くない。そこで定子は漢詩をもじった謎掛けで自分の気持ちを伝えたのだ。

それが分かった清少納言は無言ですだれを上げて、定子に外の雪を見せる。その機転に定子は喜び、他の女房も感心したという。清少納言も定子もこの時代の女性には珍しく、漢籍《かんせき》に造詣《ぞうけい》が深かった。打てば響くような清少納言の対応を定子は喜んだようだ。定子がたびたび清少納言に謎掛けを投げかけては喜んでいる様が『枕草子』に描かれている。

定子は皇后という立場ながら男女関係なく社交の場を広げ、宮中に文化サロンを作り上げた人物である。そんな定子の遊びを支えてくれる清少納言は貴重な存在であり、また何にも代えがたい存在だったに違いない。

恥ずかしがり屋だった清少納言も定子に仕えるうちに、どんどん才能を開花させていった。とはいえ、定子に「我をば思ふや（私のことが好き？）」と問われたときは、さすがの清少納言も慌てた、と前述の「宮にはじめてまゐりたるころ」の続きに書かれている。彼女は大急ぎで「もちろん」と答えたものの、部屋の奥からクシャンとくしゃみの音が響いて清少納言の言葉を遮った。この当時、くしゃみは縁起が悪いイメージをもたれていた。そのせいか、くしゃみが聞こえた定子は「清少納言の言葉は嘘なのね」と拗《す》ねた。とはいえ、本気で怒ったわけではなく、ふざけて拗ねてみせただけだ。清少納言がそれに気づかないはずもないのだが、彼女は非常に落ち込み、「くしゃみをした相手を『にくし』と思った」という恨み節まで書き記している。そのあと彼女は定子に弁明の歌を贈ったという。このように二人は良き主従であり、同時に非常に親密な友人のように書かれる。

しかし二人の人生は安泰だったわけではない。

清少納言が定子に仕えて数年。朝廷で権威を振るっていた定子の父、藤原道隆《みちたか》が死亡。その上、頼りにしていた兄まで失脚するという不運に襲われる。この時代の女性は、父や兄の支えがなければ、簡単に落ちぶれてしまう。力を失った定子は実家まで燃やされ、支えになるのは皇后の立場だけ。しかしその立場さえ、亡父の政敵であり、また弟である藤原道長《みちなが》におびやかされつつあった。この頃、藤原道長は定子を引きずりおろし、自分の娘を皇后にしようと画策していたのだ。追い詰められた定子は髪を下ろして出家し、その後再び宮中に参内したのだが、それでも天皇の寵愛《ちょうあい》は衰えない。そのせいでさらに道長に睨《にら》まれ、定子は精神的にも非常に不安定な日々を送ることになる。

こんな大変な状況の中、定子が頼りにしていた清少納言はどこにいたのだろう。じつは清少納言は定子から離れ、「里下がり」という名の謹慎《きんしん》生活を送っていた。道長とつながりがあるのではと女房仲間に疑われ、嫌がらせを受けたせいだ。彼女は定子に弁明などせず、謹慎することで身の潔白を示そうとした。もちろん、定子にはそんな清少納言の気持ちはお見通しである。

「殿などのおはしまさで後」の段によると、謹慎する清少納言のもとに定子からこっそりと手紙が届く。しかし手紙には何も書かれていない。入っていたのは一枚の山吹《やまぶき》の花びらだけ……花には「いはで思ふぞ」とただ一言書かれていた。これは『古今和歌集《こきんわかしゅう》』にも載っている恋の歌の引用で、「口にはしないけれど、あなたのことを想っている」という意味。たったこの一言だけで清少納言は主人の気持ちを悟り、彼女は再び定子のもとに戻ることになる。

ところで、清少納言はいつ頃から『枕草子』の執筆を始めたのだろうか。じつはこの苦痛の謹慎生活の中で、というのが定説だ。

かつて定子の兄が定子に大判の紙を献上したことがあった。『古今和歌集』でも写そうかと迷う定子に清少納言は「私なら枕にしたい」と言い放ち、定子は清少納言へこの紙を与えたという。また清少納言は定子に「死んでしまいたいくらい悲しいときでも美しい白い紙があれば生きていようと思える」と語ったことがある。それを覚えていた定子は、謹慎中の清少納言に20枚もの立派な紙を下賜《かし》した。「自宅で定子を思いながら、訳のわからないものを、あれやこれと書き散らしてしまった」と『枕草子』に書かれている通り、この時期に執筆を始めたと見るのが妥当だろう。とはいえ当時の状況といえば、定子は政敵に睨まれ、清少納言は謹慎中というどん底の時代。それでもこの『枕草子』に恨みは語られていない。そこに書かれているのは宮中の穏やかで楽しかった日々だ。

再出仕したあとも、清少納言は相変わらず主従の日常を描き続ける。定子が出産のために居を移す際のエピソード「大進生昌《だいじんなりまさ》が家に」では、主従のはつらつとした姿が描かれる。皇后の出産ともなれば、本来であれば立派な邸宅が与えられるはずだ。しかし、定子主従が案内されたのは車も入らないような狭い門を持つボロボロの家だった。宮廷で道長が睨みを利かせているので、誰も定子に手を貸せなかった、という裏事情が透けて見える。しかし清少納言は家の住人に対して「なぜ門が狭いのか」と、からかってやり込める。前述のとおり、こんなときでも定子の不運は一切描かれないのだ。

数年後、定子は三人目の出産がきっかけで亡くなってしまうが、清少納言は定子の死に関わることを徹底して伏せた。明るい定子だけを書き続けたのである。それを前提に『枕草子』を読み返せば、「春は、あけぼの」から始まる文章はもしかすると、かつて清少納言と定子が語り合った言葉かもしれないと想像したくなる。

こうして定子がこの世を去り、『枕草子』を書き終えた清少納言も静かに姿を消した。再婚し余生を送ったとも、落ちぶれて不幸になったとも、様々な説が残っている。しかし彼女にとってはそんな噂はどうでもよかったにちがいない。

天皇の愛情を一身に受けながら、どうしようもない運命に翻弄《ほんろう》され亡くなった皇后、定子。清少納言が残した『枕草子』がなければ悲しい宮様として歴史に名を刻むだけだった。しかし清少納言が書き残したことで、お茶目で知性豊かな定子の姿が後世に知られることになる。清少納言は己の筆で主人の面目を守ったのだ。

『枕草子』は清少納言から定子に捧げられた、定子のための壮大なラブレターといえる作品なのである。

清少納言　せいしょうなごん

三十六歌仙の一人である清原元輔《きよはらのもとすけ》の娘とされ、父の名の「清」から清少納言と呼ばれる。一条天皇の皇后・藤原定子に仕え『枕草子』を執筆。さらに多くの歌人と交流し定子サロンの立役者として活躍した。

藤原定子　ふじわらのていし

藤原道隆と高階貴子《たかしなのきし》の娘。14歳で3つ年下の一条天皇に嫁ぎ、皇后となる。漢詩などにも明るい才女で、清少納言を重用。宮廷に文化的なサロンを開くも、後に父の死や兄の失脚と不運が続き出産によって命を落とす。

紫式部
×
筑紫へ行く人のむすめ

大作家が「姉」と慕った
名前のない親友

女性同士の強い絆をあらわす際、その関係が姉妹に例えられることがある。血のつながりこそないものの、姉妹のように深い絆で結ばれた関係だ。そんな疑似姉妹の関係を1000年以上昔に結んだ人物がいる。それが、紫式部《むらさきしきぶ》。世界最古の長編小説『源氏物語《げんじものがたり》』を生み出した、平安の女流作家である。

貴族で女流作家といえば繊細な女性のように思われるが、紫式部が残した日記帳『紫式部日記』を見てみると、出会ったこともない清少納言《せいしょうなごん》のことを「賢ぶっている」と酷評している。和歌の名手として有名な和泉式部《いずみしきぶ》に対しても「歌は興味深いが、人の歌に難癖をつけるところが感心できない」と遠慮のない文章を残すなど、なかなか気の強い女性であることがわかる。

そんな紫式部は当時のお嬢様にしては珍しく漢籍《かんせき》や文学に精通しており、父親が「この子が男の子だったら」と残念がるほどの才能を持っていたそうだ。彼女はその才能を買われ、一条天皇の皇后・彰子《しょうし》付きの女房として活躍。恋愛に仕事に執筆活動にと、まさに二足ならぬ三足のわらじを履きこなす、今でいうバリキャリ女性の一人だった。

しかし彼女の歌には、紫式部の意外な一面が隠されている。彼女は『紫式部集』と呼ばれる、自家編纂《じかへんさん》の歌集を残した。この『紫式部集』の前半を彩るのは、出仕前、つまり紫式部が娘時代に作った歌の数々だ。

その記念すべき第一首の詞書《ことばがき》（前書）には「長く会っていなかった古い友人と再会できたのに、わずかに会っただけで、まるで月と先を争うように（その人は）姿を消してしまった」と書いた。そして、このときの気持ちを彼女は歌にしたためている。

めぐりあひて　見しやそれとも　わかぬ間に　雲隠れにし　夜半《よは》の月影
（巡りあって見えたのはその人だったかどうか。見分けもつかないまま雲隠れした月との出会いのようでした）

という、しんみりとした歌からこの歌集は始まる。

娘時代の紫式部は多くの別離を経験したらしい。『紫式部集』には数多くの切ない別れが書かれている。とはいえ歌集なので、メインは和歌で詞書は非常にシンプル。そのため誰に宛てた歌なのかわからないことも多い。しかし中には、はっきりと状況の読み取れる歌がいくつか残されている。それが15～19番にまとめられた和歌のやり取りだ。

歌の前には珍しく、少し長めの詞書が置かれている。

「私の姉が亡くなり、友人は妹を亡くした。そんな二人が出会い、亡くなった姉妹の代わりに互いを姉と呼び妹と呼びましょうと決めた。手紙には姉君、中の君（妹）と書いて文通していたけれど、お互いに遠くに別れることになってしまった……」

早くに姉を亡くした紫式部は、友人と疑似姉妹のような交流をしていたようだ。家の中だと誰に聞かれるかわからない。そこであえて手紙の中でだけ「姉君」「妹よ」と呼び合って密かに互いの寂しさを慰めあっていたのかもしれない。

しかしその姉君はあるとき、都から離れることになってしまう。ちょうどこの頃、紫式部も父親の仕事の都合で、越前《えちぜん》（福井県）への転居が決まっていた。

その別離の悲しみを、紫式部は歌に詠んでいる。

北へ行く　雁《かり》のつばさに　ことづてよ　雲の上がき　書き絶えずして

（秋になると雁は北国に帰っていく。その雁の翼に便りをのせてください。雁が翼を絶えず動かすように、便りを書き絶やさないように）

紫式部は必ず手紙を書くようにと彼女を励ました。しかし彼女はといえば、

行きめぐり　誰《た》れも都に　かへる山　いつはたと聞く　ほどのはるけさ

（お互いに遠方に離れてしまい、都で会えるのはどれだけ先になることか）

と、嘆くのである。さらに彼女は旅の途中、摂津国《せっつ》（大阪府）からも手紙をよこした。

難波潟《なにわがた》　群れたる鳥の　もろともに　立ち居るものと　思はましかば

（群れて暮らす水鳥のように、あなたと一緒に過ごせたらいいのに）

何度も届く彼女の手紙を、遠く離れた越前で読んだ紫式部は何を思っただろう。しか

し紫式部はただ、

あひ見むと　思ふ心は　松浦《まつら》なる　鏡の神や　空に見るらむ

（あなたに会いたいと願う私の心は、松浦にある鏡の神様がお見通し）

と、会いたい気持ちを可愛らしく伝えた。『源氏物語』や『紫式部日記』で見せる切れ味鋭い紫式部とは思えない、素直な雰囲気だ。

姉君とのやり取りはこれらの歌だけではなく、別のいくつかの歌もそうではないか、というのが定説だ。

例えば、詞書に「筑紫《つくし》（九州）へ行く人のむすめ」と呼ばれる女性から贈られたという、6番の歌。

西の海を　思ひやりつつ　月見れば　ただに泣かるる　頃にもあるかな

（遠い西の地に行くことを思いながら月を見上げると、ただ泣けてくるのです）

これに対して紫式部は、

西へ行く　月のたよりに　玉章《たまづさ》の　書き絶えめやは　雲の通ひ路

（月は東から西へと巡っていくではないですか。月に手紙を言伝てて、雲の通い路を絶やさず文通を続けましょう）

と、返した。
遠くに行くというキーワードからも、相手はおそらく姉君だろうとされている。彼女はこの頃に筑紫へ行くことが決まったのか、西の地の遠さを憂いては泣いている。
さらに続けて8～10番に出てくる歌にも、同じ人物が登場する。
露深く　おく山里の　もみぢばに　通へる袖の　色を見せばや
（奥山里の紅葉は赤く染まっています。同じように血の涙で赤く染まっている私の袖を見てほしい）
歌の前に置かれた詞書には「遠いところへ行こうか行くまいか迷う人が、山里から紅葉と歌を送ってよこした」と書かれている。
これが筑紫へ行く娘、つまり姉君であるとするなら、この頃はまだ筑紫へ行くかどうか迷っているようだ。彼女は霜の降りる頃にもまだ憂いていて「筆が進まない」という歌を紫式部に送ってよこした。そんな彼女に紫式部は、
ゆかずとも　なほかきつめよ　霜氷　水の上にて　思ひながさむ
（筆が進まなくてもぜひ手紙を書いてよこしてね。あなたの手紙で私の凍てついた心が流せるのだから）
と、彼女は再度慰めた。手紙の上だけで姉、妹となった二人だからこそ、手紙が途絶

えてしまうことを紫式部は恐れていたのかもしれない。

紫式部の生きた平安時代は医療が未発達。貴族であったとしても、病気や出産であっさりと命を落とすことは珍しくない。あるいは政変に巻き込まれ殺されたり遠くに追いやられることも多々あった。

運良く長く生きられたとしても、今の時代のように気軽に旅行に出られるわけではなく、一度離れてしまえばどんなに会いたいと願ってもすぐに会うことはできない。深窓《しんそう》の令嬢たる貴族の娘ならなおさらだ。だからこそ別離は胸がかき乱されるほど辛いことだった。

しかし運命には逆らえない。紅葉の季節に西の地を思って嘆き、霜の頃には筆も進まないと憂いていた姉君も、とうとう遠い筑紫へと去っていく。
二人はきっと、もう一度出会おうと約束しあっただろうし、歌のやり取りを続けることも願っていただろう。しかし筑紫から来る歌は途切れた。姉君は遠く筑紫で亡くなってしまうのである。
任地から戻ってきた彼女の親兄弟からそのことを知らされた紫式部は歌集の39首に、
いづかたの　雲路と聞かば　尋ねまし　列離れけむ　雁がゆくへを

（どちらの雲に消えてしまったか、聞けるものなら聞いてみたい。列から離れた雁に似たあの人の行方を）

こんな歌を残して、死んでしまった姉君を悼《いた》んだ。

これは紫式部が相手に贈った歌、「北へ行く　雁のつばさに　ことづてよ　雲の上がき書き絶えずして」を思い起こしながら詠んだ歌なのかもしれない。

紫式部と姉妹の契りを結び、亡くなった女性。二人の密かな交流を教えてくれるのは、紫式部が残したいくつかの歌だけだ。しかし、紫式部は別の場所で彼女をこの世に送り出した。

それは紫式部が書いた小説、『源氏物語』。多くの女性が登場する物語だが、その中に「筑紫の五節《ごせち》」という女性が登場する。その人こそ、姉君……筑紫へ行く人のむすめをモデルにしているのではないかと言われている。この「筑紫の五節」は五節舞《ごせちのまい》という祭事の舞を担当した女性だが、彼女は『源氏物語』の主人公である光源氏と密やかな交流を持った。しかし彼女の父親が太宰府に赴任することになり、「筑紫の五節」は光源氏から離れ九州へ下向することに。遠くへと去ってしまったので物語に直接登場するわけではないのだが、光源氏と和歌を交わしたり、さらに五節の行事が行われるたび、光源氏は彼女のことを思い返したりするなど、光源氏の心の中に残り続ける思い出の女性の一人だ。そのシチュエーションと立ち位置からみて、彼女のモデルは筑紫で死んだ姉君だと指摘されている。紫式部は失ってしまった姉君を、自身の描く物語の中に復活させたのだ。

紫式部　むらさきしきぶ

平安時代中期の女流歌人であり作家。歌人である藤原為時《ためとき》の娘に生まれ、才女として有名だった。成長してからは一条天皇の中宮彰子の女房となる。世界最古の長編小説『源氏物語』の作者でもある。多くの和歌も残した。

筑紫へ行く人のむすめ　つくしへいくひとのむすめ

紫式部が残した『紫式部集』にのみ現れる女性。父か夫について筑紫へ向かったが、最後まで筑紫行きを渋っていたらしい。そのことが紫式部とのやり取りに残されている。紫式部に再会できないまま、筑紫で亡くなる。

源義経×武蔵坊弁慶

日本人に愛され続ける
ブロマンスの理想像

戦のカリスマとして手柄を立てながらも、兄である鎌倉幕府将軍・源頼朝《みなもとのよりとも》に冷遇された源義経《よしつね》。まだ幼く無鉄砲な義経を支え、生涯をかけて尽くした武蔵坊弁慶《むさしぼうべんけい》との主従関係は、日本史上最も代表的なブロマンスともいえるだろう。

京都の五条大橋《ごじょうおおはし》で刀狩りをする弁慶が振り上げた大太刀を、牛若丸《うしわかまる》と呼ばれた幼年の義経がひらりひらりかわしたという二人の出会いのシーンや、兄から追われる身となった義経に射かけられた矢を仁王《におう》立《だ》ちで受けながら絶命した弁慶の最期など、たくさんのエピソードが大河ドラマや歴史小説に描かれてきた。しかし、そのどれもが後世の創作であることがわかっている。というのも、当時の史料に弁慶のエピソードがほとんど記されていないからだ。

平安末期から鎌倉時代にかけての軍記物《ぐんきもの》・歴史書の中で、おもに知られている『平家《へいけ》物語《ものがたり》』『吾妻鏡《あづまかがみ》』から見てみよう。『平家物語』は、平家の盛衰を中心に武士の誕生から源平合戦までを描いたもので、琵琶法師《びわほうし》によって口伝《くでん》されていた物語である。弁慶の初出は、平氏の拠点である福原《ふくはら》（兵庫県神戸市）に攻めこむ源氏方の軍勢を解説した「三草勢《みくさせい》揃《ぞろえ》」の段。大将の義経に「伴う人々」の内の一人として名前が挙がっている。また、屋島《やしま》の戦いで平氏の矢に狙われた義経をかばい従者が命を落とした「嗣信最期《つぎのぶさいご》」の段、義経が頼朝から送られた刺客を返り討ちにした「土佐房被斬《とさぼうきられ》」の段では、「一人当千の兵《つわもの》ども」と紹介されている。エピソードらしいエピソードといえば、崖から馬で駆け降りて奇襲した一ノ谷《いちのたに》の合戦前、「弁慶が連れてきた老翁が地の利に詳しい猟師だった」「頼朝からの刺客だろう使者を迎えに行った」という簡単なものしかない。

もっとも、鎌倉幕府編纂《へんさん》の歴史書『吾妻鏡』ではさらに登場回数が少ない。義経が時の権力者・後白河《ごしらかわ》法皇に頼朝追討のため京を離れる挨拶をした際に従者として名前が見えることと、追討のため出航したが急な嵐で難破し、4人に減ってしまった義経の供《とも》の内の一人が弁慶であるということ、この2点の記述のみである。いずれの史料でも業績どころか、出身や生没にさえ触れられていない。わかることといえば、弁慶が義経の従者であったということ、一騎当千《いっきとうせん》の屈強な武者と知られていたこと、主君である義経に目通りできる立場にあったということ、義経の逃避行につき従ったということだけだ。

また、義経も前半生の不確かな人物であり、確実にわかっているのは頼朝と会見してから自刃《じじん》するまでの9年間のみ。そのうち、頼朝に追われて吉野（奈良県）で身を隠してから、幼少期を過ごした奥州《おうしゅう》に逃れるまでの動きがわかる史料は見つかっていない。「牛若丸」と呼ばれた幼年時代にはまだまだ不明な点も多く、京都・鞍馬山《くらまやま》の天狗《てんぐ》と修行したというような伝説が残るほどである。『平家物語』に「鞍馬は義経がいたことのある山だった」、『吾妻鏡』に「出家のため鞍馬に預けられた」とあり、後白河天皇の譲位から頼朝の死去までを描いた『平治物語《へいじものがたり》』にも同様の記述が見られることから、鞍馬で暮らしていたのは確かだろう。同様に奥州藤原氏《おうしゅうふじわらし》に庇護されていたことも複数史料に記述されている。

現代に伝わる義経と弁慶のエピソードはというと、『義経記《ぎけいき》』から伝わったものがほとんどだ。『義経記』とは室町時代に成立した物語で、『平家物語』『吾妻鏡』など各史料に散らばる義経の逸話を、創作を交えながらまとめた義経の英雄譚だ。没後２００年余りあとにもなって改めて義経を主人公とする物語がつくられたのは、ひとえに「判官《ほうがん》びいき」ゆえだ。判官びいきとは敗者や弱者に心を寄せることをいうが、もともとは義経に同情することを意味していた。「判官」とは、京の治安維持組織「検非違使《けびいし》」の責任者の通称である。平氏討伐の功により後白河法皇から検非違使長の役職をもらった義経は、九郎（九男）だったことから「九郎《くろう》判官」と呼ばれ、しだいに「判官」だけで義経をさすようになったのである。なお判官は「はんがん」と読むのが一般的だが、義経を表す際は「ほうがん」と読む場合が多いようだ。

兄弟の仲違いのきっかけは、義経が検非違使長の任を頼朝の許可なく授かったからとされるが、その理由については統率が乱れるから、法皇の影響力が鎌倉に及ぶきっかけになるからといったもののほか、それまでにも感じていた義経の独断専行に頼朝の堪忍袋《かんにんぶくろ》の緒が切れたからなど諸説あってはっきりしていない。そういったことも当時の人々の想像力を掻き立てたのだろう。

宿敵平氏を滅ぼすという圧倒的武勲《ぶくん》を立てた戦のカリスマが、ひょんなことから兄に謀反《むほん》の疑いをかけられ、無実を信じてもらえないまま落ちぶれて命を落とす――。私たち現代人の心にも響く歴史的英雄の悲劇は、同じように室町に暮らす人々の心も打ったのだ。そして、「判官びいき」の心情は時代が下っても衰えず、能や歌舞伎《かぶき》、浮世絵《うきよえ》などあらゆる分野で創作の題材とされ、江戸時代には「義経物」「判官物」と呼ばれる一大ジャンルが築かれた。義経はこれまで700年近く愛され続けているのである。

良い物語には主役を引き立てる名脇役が必要だ。孤立無援な悲劇的ヒーローには、心を砕く支援者は欠かせない存在である。しかし、史実では義経に下心なく尽くしてくれる人物が少なく、仇《かたき》である頼朝の前で義経を偲《しの》ぶ舞を舞った愛妾《あいしょう》の静御前《しずかごぜん》、平氏の矢から義経を守って命を落とした従者・佐藤嗣信《さとうつぐのぶ》くらいしか知られていない。そこで白羽の矢が立ったのが弁慶だ。出生がわかっていないのも、創作者としては都合がよかったのかもしれない。『義経記』での弁慶は、熊野三山《くまのさんざん》を束ねる宮司《ぐうじ》の長の子であるとされ、18か月を費やして生まれてきたその姿は、すでに2、3歳児の大きさであり、髪も歯も生えそろっていたと、まるでおとぎ話のようだ。異様な出で立ちから鬼の子だと思われた弁慶は、比叡山《ひえいざん》に預けられたが乱暴が過ぎて追い出され、播磨《はりま》の書写山圓教寺《しょしゃざんえんぎょうじ》(兵庫県)へと移る。あるとき昼寝中にいたずらされたことを知らず、周りと一緒に笑っていた弁慶だったが、しだいに嘲笑の対象が自分だと気づき激怒。仕返しにお堂に火をつけてほとんどを燃やしてしまったとも記されている。こうして、忠義に篤《あつ》い強者というだけでしかなかった弁慶に、乱暴者だがどこか抜けているという性格が肉づけされていった。

また、弁慶は山伏《やまぶし》の格好をして落ちのびる義経一行を先導していたという。頼朝の息がかかった関所《せきしょ》で尋問を受けた際、東大寺(奈良県)の募金集めをしていると答えたところ、本物ならば寄付を募る趣旨が書かれた巻物(勧進帳《かんじんちょう》)を読めるはずだと問いかけられた。機転を利かせた弁慶が何も書かれていない巻物を勧進帳と見せかけてよどみなく読み上げたことで、一度はだますことに成功したが、召使いに扮《ふん》していた義経が疑われたため、弁慶は義経を「お前のせいだ」と杖で殴打。役人の同情を誘って、通行を許可されるのである。能では「安宅《あたか》」、歌舞伎では「勧進帳」と題される有名な演目だ。しかし、このエピソードの原典とされる『義経記』の「如意の渡にて義経を弁慶打ち奉る事」には、弁慶が勧進帳を読み上げるシーンは描かれていない。舞台化した際につけ足された演出だと考えられるのだが、これが物怖じしない理知的な人物という新たな一面を生みだし、弁慶の豊かなキャラクターを形づくったのだ。

関所を通過したあと、弁慶は主君である義経を杖で打ったことをひどく後悔し、泣きながら謝罪をするのだが、この二人の関係を最も端的に表すやりとりが『義経記』に語られている。

「いつまで御曹司（義経）をおかばいしようとして真の主を打ち申し上げるのか。天罰が恐ろしいことよ。（源氏の守護神である）八幡様もお許しくだされ」

義経の袖にすがり、伏しながらさめざめと泣く弁慶に義経は言う。

「これも私を思ってのこと。これほどまでに不甲斐ない義経につき従う、この様に志の深い皆々の行く末を思うと、涙がこぼれるぞ」

二人の間には純真な主従関係とお互いを深く思いやる心があった。あわれな英雄義経に寄り添い、手を差し伸べる逞《たくま》しい従者弁慶は、中世から受け継がれてきた日本人の「判官びいき」が生み出した、ブロマンスの一つの理想像と言えるだろう。

源義経　みなもとのよしつね

鎌倉幕府将軍・源頼朝の異母弟。幼名を牛若丸といい、京都の鞍馬山の天狗もとで修行したとする伝説が残る。源平合戦では天才的軍才を発揮したが、頼朝と対立。追手から逃れ落ちのび、幼少期を過ごした奥州で自害した。

武蔵坊弁慶　むさしぼうべんけい

源義経が牛若丸と呼ばれていた頃から仕え、生涯を通して義経に忠義を尽くした僧。頼朝の追手から放たれた矢を仁王立ちで全身に受けて絶命したという逸話が残る。確かな史料には登場しないため、生没年や出身地など詳細はわかっていない。

北条政子 × 静御前

愛する人を失う悲しみを
共有した女たち

静御前《しずかごぜん》は、源平合戦において源氏勝利の立役者となった源義経《みなもとのよしつね》の最愛の妾《めかけ》であり、白拍子《しらびょうし》の名手だった。白拍子とは、平安末期から鎌倉時代に人気を博した「今様《いまよう》」や「朗詠《ろうえい》」と呼ばれる歌を、白い水干《すいかん》を着て烏帽子《えぼし》を被《かぶ》り、太刀《たち》を佩《は》いた男装姿で詠いながら舞う見世物のこと。また、その芸人のことも指し、平安貴族や天皇、鎌倉将軍に好まれ、その邸宅に招かれることも多かった白拍子は、美しく教養のある女性が多かった。静は、そんな白拍子の祖とされる磯禅師《いそのぜんじ》の娘という。白拍子は神に捧げる神楽《かぐら》がもとになっているといわれ、静にも後白河《ごしらかわ》法皇から雨乞《あまご》いを命じられて雨を降らせることに成功したとする逸話が残っており、これが義経との出会いであったと、室町時代にまとめられた義経の英雄譚『義経記《ぎけいき》』は記している。

義経に見初められてその愛妾《あいしょう》となった静だったが、当時の義経の立場は危ういものであった。平安末期、天皇位から引退した上皇（出家すると法皇）が政《まつりごと》を動かすようになると、上皇の住居である院には警護を担う武士が置かれた。武士は上皇に取り立ててもらうことで発言力を増していく。なかでも力をつけた武士団が源氏と平氏で、やがて源平の二大勢力が争う世となっていったのである。はじめに覇権を握ったのは平氏だったが、首領の平清盛《たいらのきよもり》と、当時の院のトップである後白河法皇の仲が悪化したのをきっかけに、源頼朝《よりとも》が源氏の頭領として挙兵。馳せ参じた頼朝の異母弟・義経は、各地の合戦で天才的な軍略を見せてその名を轟かせ、ついには壇ノ浦《だんのうら》で平氏を滅亡に追い込んだ。義経の名声は後白河法皇にも届き、京の治安維持組織「検非違使《けびいし》」の責任者に任命されたのだが、これが頼朝の不興を買った。源氏の長たる自分に報告なく任を授かったことを、統率が乱れる、院の影響力が鎌倉に及ぶきっかけになるなどの理由から危険視し、義経に謀反の疑いをかけて排除しようとしたのである。

そんな折、頼朝の遣いが上京した。義経は従者の武蔵坊弁慶《むさしぼうべんけい》に迎えに行かせ京の堀川にある館に使者を招き、さては自分を暗殺に来た頼朝の刺客だろうと迫ったが、しらを切られたため帰宅を許す。その夜、義経の側にいた静は、大路に大勢の武士がいることを不審に思い「こちらからの招集もないのに、武士たちがこんなに騒ぐはずはありません。頼朝の遣いの仕業にございましょう」と、従者を出して様子見をさせた。戻ってきた従者から、使者が今にも攻め込もうと戦支度をしていると聞き、静は無造作に鎧《よろい》を義経に着つけた。義経は太刀を取って門戸を開き、敵襲を迎え討ったという。平氏の盛衰を記した『平家物語《へいけものがたり》』に残る、静の聡明さを伝えるエピソードだ。一方、『義経記』には、敵の鬨《とき》の声に気づいた静が寝ている義経に鎧を投げつけて敵襲を伝えたとあり、武将の妻らしい静の強さが強調されている。「堀川夜討《ほりかわようち》」と呼ばれるこのシーンは、江戸時代に描かれた浮世絵《うきよえ》が多数残るほど、後世の人々に愛された題材であった。

兄弟の契りを交わし忠義を尽くした頼朝に謀反《むほん》の疑いをかけられたばかりか、二心なしとしたためた嘆願文を無視され、暗殺まで謀られた義経は、後白河法皇に頼朝追討を申し出る。許可を得た義経が兵力を集めるべく九州へと出航したところ、急な嵐に襲われる。一行は散り散りになり、渡海は中止。鎌倉幕府編纂《へんさん》の歴史書『吾妻鏡《あづまかがみ》』に曰く、残った従者は静御前、武蔵坊弁慶のほか二人だけだったという。追い打ちをかけるように、義経が京を離れた隙に頼朝は義経追討を奏上。追われる身となった義経は生き残った4人の従者をつれて、大和国《やまと》（奈良県）の吉野山を通り、静と別れる。そして義経は幼少期を過ごした奥州《おうしゅう》へ向かう。

鎌倉に静捕縛の報が入る。吉野で義経を捜索中に現れたのだという。静はただちに尋問にかけられたが、義経とは吉野山で別れたっきり行方は知らないと言ったり、山伏《やまぶし》の格好をして大峰山《おおみねさん》に入ったと言ったりはっきりしない。義経が多武峰《とうのみね》に入ったという噂もあり、静への取り調べが重ねられた。じつは静は勇敢にも追手を足止めすべく撹乱《かくらん》させようとしていたのだ。

『吾妻鏡』によると、静が白拍子の名手と聞き及んでいた北条政子《ほうじょうまさこ》は、夫の頼朝に静の舞が見たいとしきりに頼んでいたという。静は、義経の妾として公の場に出ることは大変な辱《はずかし》めであると渋っていたが、とうとう鶴岡八幡宮《つるがおかはちまんぐう》に舞を奉納することとなった。このときの静の心境を描いた能『二人静《ふたりしずか》』で語られているとおり、義経の仇《かたき》である頼朝の前で、頼朝の拠点たる鎌倉の繁栄を祝うために舞うだなんて、「吉野での流浪の旅よりも辛く」「何度思いかえしても残念で悲し」かったことだろう。静は、その場においても「別れの悲しみのみただ強く、とても舞う気になどなれませぬ」と頑《かたく》なであったが、やむなく歌い出した。

よし野山　みねのしら雪　ふみ分て　いりにし人の　あとぞこひしき
（吉野山の峰に積もった白雪を踏み分けて行ってしまったあの人（義経）の跡が恋しい）
しづやしづ　しづのをだまき　くり返し　昔を今に　なすよしもがな
（静や静やと麻糸の織物（しづ）を紡いでつくった糸玉（苧環《おだまき》）のように、繰り返し私の名を呼んでくださったあの昔を今にしたいものよ）

静の凛とした歌声と優美な舞に皆が感じ入っているところ、「源氏の守護神である八幡様の神前で、反逆者たる義経を慕い、別れを惜しむ歌を唄うとはけしからん」と、怒気をはらんだ頼朝の声が響いた。それを諌《いさ》めて政子が言った。「私も今の静と同じ心持ちになったことがございます。義経を恋い慕わぬようならば、身持ちの堅い女ではありませぬ。外見の風情に心を寄せ、見えない内面を許すのが真の幽玄にございましょう。どうかお褒めくださいませ」。
政子が静に共感し命を助けたのは、苦難の多かった頼朝との恋路を、義経を慕う歌になぞらえたからだ。北条はもともと平氏の流れをくむ氏族であり、頼朝が平清盛に流刑を科されたとき、政子の父はその監視役を任された。頼朝14歳、政子4歳の頃である。ともに過ごすうち、二人は恋仲となり結婚を約束するが、宿敵同士、しかも罪人との婚姻に周囲は猛反対。政子は父に幽閉されてしまう（『吾妻鏡』より。『源平盛衰記《げんぺいせいすいき》』によると別の人と婚約させられたとも）。それでも政子は、暗闇を迷い大雨に打たれながらも恋い慕う頼朝のもとへたどり着き、父に結婚を認めさせたという。そんなかつての自分と、愛する男のために孤軍奮闘する静の姿が重なったに違いない。

実はこのとき、義経の子を身ごもっていた静。当時、白拍子との間に生まれた子は、女児なら母方で白拍子とするが、男児なら父方で育てるのが一般的であったことから、男児ならば命を取ると頼朝に言われていた。自身も平清盛に情けをかけられながら、平氏への仇討ちを果たしたのだ。義経の子に復讐されることをおそれ、過分に警戒しても不思議はない。そうした中、静が出産したのは男児であった。赤子は命を奪われることになったが、静はどうしても渡そうとせず、赤子を抱きしめて数時間泣き伏したため、頼朝の遣いに繰り返し叱責された上、赤子は奪われて海に沈められた。このときも、政子は頼朝に寛大な処置を求めたという。

政子には頼朝との間に大姫《おおひめ》という娘がいた。源平合戦がはじまってすぐの頃、6歳の大姫は、頼朝と犬猿の仲だった木曾義仲《きそよしなか》との和睦のため義仲の息子・義高《よしたか》と婚約。大姫は幼いながらも5つ年上の義高を慕っていた。ところが、後白河法皇から京で狼藉《ろうぜき》を働く義仲追討の命を受け頼朝が義仲を討ったことで、危険分子となった義高の暗殺計画が持ち上がる。これを盗み聞いた大姫の計らいで一度は逃げおおせた義高だったが、結局は捕らえられて首を落とされたのだった。ショックを受けた大姫は病気がちになり、屋敷に引き籠るようになってしまったのである。子どもを持つ一人の親として、日々憔悴《しょうすい》する子どもに心を砕く母親として、お腹を痛めて産んだ愛する人の子が殺されるのをみすみす黙って見ているしかなかった静の絶望が、政子には痛いほどにわかったのだろう。

一説によると、静の白拍子を見て大変喜んだ大姫は、頼朝に愛する人と離別させられた者同士、意気投合して静と交流したとされる。政子は静を、娘の良き友人のように思っていたのかもしれない。政子と大姫は、多くの宝物を持たせて静を送り出したが、鎌倉を離れて以降の静の正確な足取りはわかっておらず、様々な伝承と、終焉《しゅうえん》の地とされる場所が各地に残っている。静の悲壮な境遇は、今でも多くの人の同情を誘っている。
愛する義経と別れ、その仇である頼朝の前に連れ出され、心ならずも舞を披露しなければならなかった静。政子は頼朝の正妻として彼女を憐れんでいたわけでは決してない。いつ命を落とすともわからぬ戦場へ愛する人を送り出し、「生死もわからず日夜魂も消えるような気持ち」で待つしかなかった武家の女性として、静の悲運に心を寄せたのだ。

北条政子　ほうじょうまさこ
鎌倉幕府を開いた源頼朝の正妻。頼朝亡きあと出家したが、幕府を引き継いで「尼《あま》将軍」と呼ばれた。頼朝とは周囲の大反対を押し切る形で恋愛結婚をしており、なれそめ話から嫉妬話まで多数の逸話が残る。

静御前　しずかごぜん
頼朝の異母弟でありながら追われる身となった源義経の、都落ちを支えた愛妾。歌を唄い舞い踊る白拍子の名手と名高く、白拍子の祖とされている磯禅師の娘という。終焉にまつわる伝承が各地に残る。

足利尊氏×足利直義

カリスマと策略家
完全「分業制」兄弟

現代では仲のいい兄弟はそう珍しくもない。しかし、およそ1000年前、鎌倉時代の武家社会においての兄弟は、それほど仲のいいものではなかった。異母兄弟は当然のこと、同じ母親から生まれた兄弟であっても家督《かとく》の奪い合いなどでギスギスしがちだった武士の時代。そんな中、手に手を取り合ってひとつの時代をつくり上げた兄弟がいる。それが室町幕府の始祖、足利尊氏《あしかがたかうじ》・直義《ただよし》兄弟だ。

二人の祖先は源氏の頭領《とうりょう》・源義家《みなもとのよしいえ》。数代前から鎌倉幕府の御家人《ごけにん》(家臣)となり、執権《しっけん》である北条家と婚姻関係を持つことで、幕府内で力をつけてきた一族である。とはいえ、尊氏、直義兄弟は側室《そくしつ》から生まれた子。順当にいけば正妻の息子である異母兄が家督を継ぐはずだった。ところがその異母兄が若くして亡くなってしまう。さらに権力を握り続けた父も亡くなったことで、結果、家督というお鉢が回ってきたのは次男の尊氏。このことが尊氏・直義兄弟の人生を大きく変えた。

彼らが成人を迎える頃、時代はちょうど鎌倉時代の末期に差し掛かっていた。幕府では北条家が権力を握り贅沢三昧、御家人たちは経済負担に喘《あえ》ぐという格差社会である。御家人の間には、幕府に対する不満が溜まっていた。そんな折、京都の後醍醐《ごだいご》天皇が、倒幕のための兵を立ち上げた。元徳《げんとく》3年(1331)に勃発した元弘の乱だ。幕府は御家人に命じて鎮圧に向かわせるが、そのメンバーには足利尊氏も含まれていた。
しかし折悪しく、尊氏兄弟は父の喪中の最中。尊氏はそれを理由に出兵を断るが、幕府は許さない。じつは足利家は鎌倉時代初期に起きた、幕府と朝廷の戦い「承久の乱《じょうきゅうのらん》」において、戦を勝利に導いた輝かしい経歴を持つ。言ってみれば縁起のいい一族だった。加えて尊氏は戦上手であり、幕府として彼の参戦は絶対だったのである。

不承不承、戦に駆り出された尊氏は、幕府の要望通り見事に乱を制圧。後醍醐天皇は隠岐島《おきのしま》に流されることになった。これで終わりかと思いきや、尊氏への出兵要請はとどまらない。乱から2年後、後醍醐天皇が隠岐から脱出し、再び反乱が勃発。幕府はこの平定にも尊氏を任命するのだが、彼の裏切りを恐れてか「尊氏の妻子を人質として鎌倉に残すように」と命じたそうだ。そして日本最大の軍記物語と呼ばれる『太平記《たいへいき》』には、ここで初めて尊氏の弟・直義が登場する。

たび重なる幕府の無理難題に腹を立てていた尊氏。しかし妻子を人質にとられて迷っていた彼を励ましたのが弟の直義だ。同腹の兄弟であり、幼い頃から仲の良かった弟は、迷う兄に「大行《たいこう》は細謹《さいきん》を顧《かえり》みず（そんなこと大義の前の小事だ）」と言い切る。つまり尊氏の中にある幕府への反抗心を後押ししたのだ。それを聞いた尊氏は京都の幕府出先機関である六波羅探題《ろくはらたんだい》を攻め滅ぼす。同時に鎌倉でも倒幕の機運が高まり、新田義貞《にったよしさだ》の出兵によって150年続いた鎌倉幕府は終焉を迎えるのである。

鎌倉幕府の滅亡により、京都では後醍醐天皇自らが政治を行う天皇親政《しんせい》がスタート。功労者である尊氏も権力の中枢に座ることができるはずだった。しかし後醍醐天皇は武士をないがしろにした政策をとり、再び武士の不満が溜まっていく。さらに信濃では北条家の遺児による暴動が勃発する。北条の兵が一気に鎌倉に押し寄せ、やがてそれは大規模な乱へと姿を変えた。

ピンチに陥ったのは鎌倉に残って守りを固めていた直義だ。それを知った京都の尊氏は、後醍醐天皇に「征夷大将軍《せいいたいしょうぐん》として鎌倉へ出兵したい」と願うが、武士嫌いの後醍醐天皇はそれを却下。しかし尊氏は弟のピンチに居ても立ってもいられず、朝廷の許しを得ないまま鎌倉へ出兵する。

尊氏は見事、20日ほどで乱を平定してしまう。この後、京都に戻ろうとする尊氏だったが、それを止めたのは直義。「大敵を逃れ関東に御座しかるべき」。後醍醐天皇を大敵と言い切り、関東にこのまま残るように兄を諭したと南北朝時代の軍記物『梅松論《ばいしょうろん》』に書かれている。「京都に戻れば、反逆者として捕らえられるかもしれない」と直義は兄に忠告したのだ。

尊氏は弟の言う通り鎌倉に残り、朝廷は足利兄弟に対して鎌倉へ討伐兵を差し向ける。その総大将は共に幕府を倒した新田義貞だった。

しかし足利兄弟はこのピンチをチャンスに変えた。戦上手の尊氏が立ち上がり、形勢は逆転。一気に京都に攻め入り、京を制圧したのだ。その後、敗戦して九州に逃げ込むなどの一進一退はあるものの、半年ほどで追撃の兵に勝利を収め、再び入京《にゅうきょう》を果たす。さらに後醍醐天皇を退位させ、光明《こうみょう》天皇を擁立する(南北朝のはじまり)。こうして、時代は足利尊氏と直義兄弟が率いる室町時代に移り変わることになる。

とはいえ、ここまですんなりと進んだわけではない。『梅松論』によると後醍醐天皇に兵を差し向けられたとき、尊氏にまたも悪い癖が出たという。それは厭戦癖《えんせんへき》と、義理固さである。

彼は後醍醐天皇への恩や義理を思い出し、ぐずぐずといつまでも戦おうとしない。挙げ句、直義にすべての政務を任せて寺にこもり断髪までする始末。そのため、足利の軍は一気に勢いを失う。兄に兵を任された直義だが、じつは彼は政務官向きで兄ほど戦上手ではない。新田の兵に敗れて敗退するなど、たび重なる敗戦で士気はすっかりと低迷してしまう。

やがて「弟がピンチ」という情報が、寺に引きこもる尊氏の元へ届く。それを聞いた尊氏は、ようやくここで覚醒する。「直義が死んで、自分だけ生き延びても意味がない」と奮起する。再び兵を率いて指揮を執り、見事に朝廷軍を蹴散らすのである。

この『梅松論』には尊氏と直義の評価が書かれている。尊氏は「仁も徳もあり戦時には畏怖の気持ちを持たず、慈悲深く、広い心の持ち主」、直義は「身の処し方が廉直《れんちょく》で、誠実で嘘をつかない」。戦上手で優しい兄と、冷静な弟というのが足利兄弟への評価だ。実際、直義は北条の兵に鎌倉攻めをされた大ピンチの中、手元に幽閉していた後醍醐天皇の息子・護良親王《もりよししんのう》を殺すことまでしている。もし親王を敵に奪われ、反乱軍の旗頭にでもなれば面倒だ——そんな先まで読んで、冷静に行動できる男だった。恩と義理に挟まれて揺れ動く尊氏とは真逆の性格である。

すぐに落ち込むが国のトップとしてふさわしい貫禄を持つ戦上手の兄。戦は苦手だが冷静沈着で細かいところまでよく気がつく弟。互いの短所を補える二人はまさに幕府運営の相棒としていい組み合わせだった。

トップに立った彼らはまず、政務の要である『建武式目《けんむしきもく》』をつくり上げた。この政策についても、アイデアを出し実際に政務を動かしたのは直義だった。尊氏は政治についてはは直義に完全なる信を置き、弟の行う政務に対しては一つも口を挟まなかったといわれている。初代室町幕府のトップである将軍は尊氏だが、実際に政務に携わっていたのは直義であり、そのためこの時代は「二頭政治」と呼ばれる。

そんな二人の間に亀裂が入ったのは、幕府が立ち上がっておよそ10年後。最悪の兄弟喧嘩とも呼ばれる「観応《かんのう》の擾乱《じょうらん》」だ。これは直義の政敵であり尊氏の執事でもある高師直《こうのもろなお》が、尊氏に直義の排斥を願い出たことからはじまる。やがて直義は南朝と結び兄と全面対決したため、この争いは南朝北朝を巻き込んだ大騒動へつながる。最終的に鎌倉に逃げ込んだ直義はそこで急死。一説では尊氏による毒殺とも言われているが、詳細は不明なまま。一時代をつくり上げた兄弟が最終的には寂しい結末を迎えることになった。

ところで尊氏は本当に直義を恨んでいたのだろうか。時代は少し遡《さかのぼ》り直義が亡くなる十数年前。二人が光明天皇を擁立し、京都を制圧した頃、尊氏は清水寺にとある願文を奉納している。それは「この世は儚いものだから、私は栄華は求めない。そのうち出家してしまう。だからこの世の幸福すべては弟の直義にあたえてほしい」という内容。今まさに栄華をつかもうとするタイミングとは思えない、弟を深く思う文章を残している。鎌倉倒幕から室町幕府の立ち上げまで、気分屋の尊氏一人だけではきっと乗り越えられなかった。弟がいてこそ、今の自分がある。それがわかっていたからこそ、尊氏は仏に捧げる願文に感謝の気持ちを書いたのだろう。

直義の死後、尊氏も6年後に亡くなってしまう。将軍の死で波乱が起きそうなものだが、このときも室町幕府の体制は崩れなかった。彼らの死後も幕府は続き、華やかな文化と共に、およそ230年も続く長寿幕府となるのだ。それは尊氏・直義兄弟が手を取り合って築き上げた、最初の10年の盤石《ばんじゃく》さがあってこそだったのだ。

足利尊氏　あしかがたかうじ

室町幕府初代将軍。異母兄弟の長兄が亡くなったことで、側室生まれながら足利家の家督を継ぐ。やがて北条家が力を握る鎌倉幕府を滅ぼし、京都に入って弟とともに室町幕府を立て、盤石な政治体制をつくった。

足利直義　あしかがただよし

実の兄である足利尊氏と室町幕府を立てた副将軍。戦はそれほど上手ではないものの、内政の才能があり、その能力で兄を支えた。230年続いた室町幕府の基盤ともいえる施政方針『建武式目』の制定にも携わる。

豊臣秀吉×前田利家

苦楽をともにした
同僚同士の友情

戦国時代を代表する人物といえば、織田信長《おだのぶなが》・豊臣秀吉《とよとみひでよし》・徳川家康《とくがわいえやす》の「戦国三英傑」が第一に上げられるだろう。この3人はいずれも現在の愛知県出身であり、この縁から周辺人物にも愛知県出身者が多い。そのうちの一人に、秀吉の親友・前田利家《まえだとしいえ》がいる。秀吉と利家はともに信長に仕えた同僚同士で、秀吉が天下人となったのちも利家がその右腕として支え続けた。叩き上げの頃から苦楽を分かちあった、二人はまさに生涯の友だったのである。

秀吉と利家の生年はどちらも諸説あるため、二人の明確な年齢差は不明だが、おおよそ天文6年（1537）頃の誕生と考えられており、同い年か秀吉が1歳ほど年上という見方が有力である。そして生まれ育った環境に違いはあるものの、どちらも〝うだつの上がらない〟人生を送るはずの境遇にあった。そもそも秀吉は出自に不明な点が多く、一説では農民だったとも伝わる。天皇のご落胤《らくいん》説もあるが、これは天下人秀吉の経歴を粉飾《ふんしょく》するための創作である可能性が高い。一方の利家は武家の生まれだが、四男だったため家督《かとく》を継げる見込みはほとんどなく、家中で軽んじられていた。若き日の利家は、当時流行していた奇抜なファッションと傍若無人《ぼうじゃくぶじん》な行動を好む〝かぶき者〟だったが、その心理の裏には「家族からないがしろにされた」という鬱憤《うっぷん》や反発があったのかもしれない。

そんな二人に活躍の場を与えたのが信長だった。信長は家督継承権や身分や地位がない、いわば行き場のない若者を家臣に積極採用していたのである。信長自身も愚か者を意味する〝うつけ〟と呼ばれた自由奔放《ほんぽう》で型破りな人物だったからこそ、秀吉と利家のような本来なら見捨てられてしまう存在の胸中を汲み取れたのだろう。信長に仕官した時期は秀吉が18歳頃、利家が14歳頃で、利家のほうが先である。美丈夫《びじょうふ》だったと伝わる利家は仕官してすぐに信長のお気に入りとなり、秀吉が仕官した数年後には、赤母衣衆《あかほろしゅう》と呼ばれる信長親衛隊の筆頭格に任命されていた。

ところが、ここまで順風満帆に見えた利家の人生は突然の暗転を迎える。前田家に伝わる利家の伝記『亜相公御夜話《あしょうこうおんやわ》』によれば、利家19歳の出来事だ。信長の側近・拾阿弥《じゅうあみ》に刀装具の笄《こうがい》を盗まれて立腹していた利家は、その後も拾阿弥が利家を侮辱する言動を繰り返したためついに堪忍袋《かんにんぶくろ》の緒が切れて、信長の面前で拾阿弥を斬殺してしまったのである。拾阿弥を気に入っていた信長は激怒し、利家に出仕停止を厳命した。つまり利家は、突如無職同然になってしまったのだ。

すると途端に、それまで利家をちやほやしていた取り巻きたちは煙のように消え去ってしまう。ほとんどの人間は、利家が信長のお気に入りだからすり寄っていただけだったのだ。しかしそこに、ほんのわずかながら利家を心配する者が残った。そのうちの一人に秀吉がいたようだ。孤独の淵に突き落とされた利家にとって、気遣ってくれる秀吉の存在は心の支えとなっただろう。利家は晩年に「不遇のときにこそ、真の友情の度合いがわかる」という内容の言葉を残しているが、これはまさに出仕停止の時期に思い知ったことなのだ。この苦い経験が、秀吉との友情を大切にするきっかけとなったのである。

さらに利家は「貧乏だと首を失ったかのように不安になるが、金があれば安心できる」とも語っており、出仕停止でいかに困窮したかが伝わってくる。そんな利家を金銭も含めて全面的にサポートした一人が、織田家のナンバー2ともいえる家老の柴田勝家《しばたかついえ》だった。勝家は利家の上司でもあり、利家をなにかと気にかけていたのだ。自分のもとを離れず友人として精一杯励ましてくれた秀吉と、全面的な経済支援をしてくれた勝家、利家はどちらにも深く感謝したに違いない。

こうして不遇に耐えながら復帰の機会をねらっていた利家が、好機と見て動いたのが桶狭間《おけはざま》の戦いだった。当時最も勢いがあると誰もが目していた駿河《するが》国の戦国大名・今川《いまがわ》義元《よしもと》を、信長が寡兵《かへい》で破った歴史的一戦である。利家はこの合戦に無断で参加し、一番首を上げる活躍をした。しかし信長は帰参を許さない。信長の事績を記録した『信長公記《しんちょうこうき》』によると、利家は翌年の森部《もりべ》の戦いでも一番首を上げ、やっと信長から許しを得たという。こののち利家は信長の命令で前田家の家督を継いでおり、信長の信頼を回復できたことがうかがえる。

桶狭間の戦いに勝利した信長は破竹の勢いで領土を拡大し、秀吉と利家は金ヶ崎《かねがさき》の戦いや姉川《あねがわ》の戦いなどで共闘して信長を助けた。信長が琵琶湖《びわこ》のほとりに安土城《あづちじょう》を築くと、城下に構えた秀吉と利家の住居は隣同士になったため、秀吉の妻・ねねと利家の妻・まつも交えて夫婦で交流するほどの仲になった。

ところが、信長の快進撃は突如終わる。本能寺《ほんのうじ》の変で家臣・明智光秀《あけちみつひで》に討たれてしまったのだ。その光秀もまた、信長の弔《とむら》い合戦となる山崎《やまざき》の戦いで秀吉に討たれたが、その後の展開は利家にとって苦悩に満ちたものとなった。信長の後継者の地位をめぐって秀吉と勝家が対立し、賤ヶ岳《しずがたけ》の戦いに発展してしまったのである。利家は上司の勝家に従って参戦したが、ともに陣を張った佐久間盛政《さくまもりまさ》隊に秀吉本陣が迫ると戦わずに戦線離脱。このため佐久間隊は壊滅し、勝家軍は綻《ほころ》びが広がるように総崩れとなって敗走した。離脱した利家は越前府中城《えちぜんふちゅうじょう》に逃げ込んだが、秀吉の降伏勧告を受け入れ、勝家が籠城《ろうじょう》する北ノ庄城《きたのしょうじょう》攻めに加わった。最終的に合戦は秀吉軍が勝利し、勝家は炎上する北ノ庄城で自刃《じじん》したのである。利家がこのような日和見《ひよりみ》的行動を取った理由ははっきりしていないが、一説では秀吉から中立でいるよう頼まれたためともいわれる。いずれにしても、親友と恩人の板挟みという状況は身を裂かれるような苦しみだっただろう。秀吉はそれでも自分を選んでくれた利家に深く感謝し、利家が信長から任されていた能登《のと》に加え、加賀《かが》も領地として任せた。利家もそんな秀吉に、戦前と変わらない友情で向き合った。

勝家を下した秀吉は、小牧《こまき》・長久手《ながくて》の戦いで家康も破って臣従させた。こうして信長後継者の地位を確立すると、関東の北条一族などを破って全国を平定し、天下人に上り詰める。この間に秀吉は朝廷の最高官位である関白《かんぱく》に就任し、その傍《かたわ》らで補佐する利家も朝廷の最高機関に属する参議《さんぎ》に就任するなどめざましい出世を遂げた。秀吉は利家を「律儀者」と評して常に頼り、天下人の右腕にふさわしい地位を用意するように心を砕いたという。この頃には利家も思慮深い名将に成長しており、秀吉の政権に欠かせない重鎮となっていた。

秀吉の治世は大きな合戦のない穏やかな時代となったが、秀吉が病気がちになって死期が迫ると不穏な陰りが現れた。表向きは臣従した家康が、次の天下人をねらって静かに動き始めたのだ。秀吉は長らく後継者に恵まれず、10歳にも満たない秀頼《ひでより》がいるだけだったため、家康はたやすく乗っ取れると踏んでいた。秀吉はこれを阻止するために、信頼する石田三成《いしだみつなり》らを五奉行《ごぶきょう》とし、五大老《ごたいろう》である家康に対抗させる五大老・五奉行制度を導入したが、家康の思惑を止められないまま他界する。秀吉の伝記『秀吉事記《ひでよしじき》』によれば、享年62だった。

秀吉死後も利家の律儀は変わらず、秀頼の後見人として豊臣家を守り続けた。江戸に大勢力を持つ家康を止められる者は、もはや利家しかいなかった。しかし、秀吉と年齢が近い利家にも容赦なく寿命が迫り、秀吉が没した翌年に利家も不安を残しながら他界したのである。利家の死の翌日には三成に不満を持つ将たちが襲撃事件を起こし、三成は加藤清正ら七将と対立。事態はあっさりと家康の望む方向へ傾いた。利家の死はまさに豊臣政権崩壊のはじまりだったのである。

晩年の秀吉と利家は、多大な影響力を持つ政権の重要人物になった。しかし二人いっしょにいるときは、互いにお灸《きゅう》を据《す》えあうなどリラックスした交流を続けていたらしい。現代に伝わる前田家の家宝の一つ、国宝の名刀・大典太光世《おおでんたみつよ》にまつわる不思議な逸話がある。秀吉が所持していた大典太を利家に譲ったきっかけは、〝肝試《きもだめ》し〟だったというのだ。

伏見城千畳敷《ふしみじょうせんじょうじき》の間を深夜に一人で通ろうとすると、腰に差した刀を何者かにつかまれて歩けなくなるという噂が立った。それを聞いた利家は、「そんなことがあるものか。自分が通ってみせる」と豪語する。その胆力に感心した秀吉は、護身用として大典太を利家に譲った。利家がそれを差して肝試しに挑んだが怪異は起きず、無事に戻ってきたというのである。伏見城（坂本城とする異伝もある）は、秀吉が天下を取ったのちに築かれた城である。そう考えるとこの逸話は天下人とその重鎮《じゅうちん》が肝試しに興味津々だったことになり、どこか微笑ましい。生涯にわたって少年のような心に戻れる親友同士だったことが伝わってくる。

豊臣秀吉　とよとみひでよし

尾張出身。生家は農民とも足軽《あしがる》ともいわれる。立身出世を志して織田信長に仕官。小谷城《おだにじょう》の戦いなどで戦功を上げ、近江《おうみ》長浜城主となる。信長死後は柴田勝家、徳川家康らと争って信長後継者となり、小田原攻めなどで勝利して天下を統一。天下人となった。刀狩りなどを施行して合戦のない世を築いた。享年62と伝わる。

前田利家　まえだとしいえ

尾張荒子城主・前田利昌《としまさ》の四男として生まれる。14歳で織田信長に仕官し、刃傷沙汰で一時出仕停止を命じられるが、復帰後は重用された。信長死後は賤ヶ岳《しずがたけ》の戦いで柴田勝家から秀吉に転じ、以降は秀吉の重臣として各地を転戦。秀吉の天下統一後は政権の中枢を担い、秀吉死後も後継者の秀頼を補佐した。享年62と伝わる。

ねね×まつ

天下を支えた戦国の妻たち

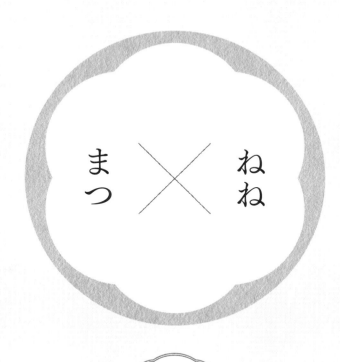

戦国時代の天下人・豊臣秀吉《とよとみひでよし》は、若い頃から苦楽をともにした親友・前田利家《まえだとしいえ》を政権運営の要として終生頼りにした。そして秀吉の妻・ねねと、利家の妻・まつもまた、生涯にわたる友情で結ばれた仲だった。血のつながった家族間でさえ命を奪い合う時代に、夫婦そろって助け合い続けた稀有《けう》な例といえる。

ねねの生年は諸説あるが、一般的には天文《てんぶん》17年（1548）といわれる。尾張《おわり》の朝日村《あさひむら》に、織田《おだ》氏に仕える杉原定利《すぎはらさだとし》の娘として誕生した。名前についても「ねね」のほかに「おね」「ねい」などの説があるが、近年になってねねと書き記した秀吉の書状が見つかっており、ねねである可能性が高くなっている。秀吉はねねよりも身分が低かったため、ねねの母は二人の結婚に反対したが、ねねは自分の意志を貫いて秀吉と結婚した。ねねが14歳頃、秀吉が25歳頃のことという。ねね自身の回想によれば、二人の結婚式は土間《どま》に薄《うす》べりと呼ばれるござを敷いて座敷《ざしき》の代わりとした、簡素なものだった。ねねは身分で人を判断せず、自分の感情を大切にする情熱的な性格だったことが伝わってくる。この頃には織田信長《のぶなが》の一家臣に過ぎなかった秀吉が、やがて天下を取るとは夢にも思っていなかっただろう。

一方のまつは天文16年（1547）の生まれとされ、ねねとは年齢が近かったと考えられる。尾張の沖島《おきしま》に、織田氏に仕える篠原主計《しのはらかずえ》の娘として誕生した。4歳の頃に父が討死して母が再婚する際、前田家へ嫁いでいた叔母（実母の妹）・長齢院《ちょうれいいん》に養育されることになった。長齢院の息子の一人が利家なので、まつと利家は従兄妹《いとこ》同士ということになる。利家は前田家にやってきたまつにたいそう惚れ込み、まつが12歳頃、利家が20歳頃に結婚した。その年のうちに長女・幸姫《こうひめ》が誕生して二人は幸福のただ中にあったが、利家が主君である信長の怒りを買って出仕停止処分を受けると途端に生活は困窮した。しかしまつは利家を見限ることなく、利家が許されるまでの2年間をともに耐え忍んだのだった。

ねねもまつも、夫が苦しい時期からずっと支え続けた糟糠《そうこう》の妻だった。二人がいつどのようにして出会ったのかは詳しくはわかっていないが、同じ尾張の出身ということもあり、一説では秀吉と利家が信長の幕下《ばくか》で出会うよりも早くから友人同士だったという。まつと利家が結婚する際、ねねが仲人の役を引き受けたともいわれる。秀吉と利家が親友同士となったきっかけは、ねねとまつが仲良くしていたからかもしれないのだ。

信長は領地を拡大するごとに、新たな城を築いて前線基地とした。その集大成が安土《あづち》城《じょう》である。石垣に囲まれた要塞《ようさい》といえる安土城の城下には家臣の館が建ち並ぶ区画があり、秀吉と利家の館は生け垣一つを隔てた隣同士だった。両夫婦が家族ぐるみの交流を温めたことが容易に想像できる。

ねねと秀吉、まつと利家の仲の深さを伝える逸話がある。まつと利家は、幸姫のあとも次々と子宝に恵まれた。二人の間に生まれた子どもの数は諸説あるが、2男9女の11人もあったとされる。その一方でねねと秀吉の間には、生涯実子が生まれなかった。秀吉は出世したのちに多くの側室《そくしつ》を迎えたが、子どもは後年淀殿《よどどの》との間に男子が二人生まれたきりなので、生殖能力が弱かったと考えられる。それまでに血縁者や諸大名から養子を迎えていたが、その一人がまつと利家の4女・豪姫《ごうひめ》だった。秀吉の伝記『川角太閤《かわすみたいこう》記《き》』によれば、豪姫は2歳でねねと秀吉の養女になっており、豪姫が生まれる以前から「まつに次の子どもが生まれたら、ねねと秀吉に譲る」と約束していたらしい。もともとねねと秀吉はまつと利家の子どもたちを自分の子どものようにかわいがっており、大喜びで豪姫を我が子に迎えたという。江戸時代に集められた文書集『賜蘆文庫文書《しろぶんこぶんしょ》』には、天下人の座についた秀吉が「豪姫が男子だったなら、次の天下人にできたものを」と惜しんだという内容が綴られている。

ところが、絶頂期にあった信長が本能寺《ほんのうじ》の変で急死すると、秀吉と利家は対立せざるを得ない状況に追い込まれた。織田家の今後について話し合った清洲会議《きよすかいぎ》で、秀吉が織田の宿将・柴田勝家《しばたかついえ》と意見を違え、賤ケ岳《しずがたけ》の戦いで雌雄《しゆう》を決することになったのだ。利家にとって勝家は直属の上司であり、信長の出仕停止期間中に多大な支援をしてもらった恩人でもある。利家は勝家側の将として合戦に臨んだものの、秀吉の軍勢が迫っても動かず、そのまま兵を引いた。どちらの味方をするべきか、戦場に出てもなお迷っていたことが見て取れる。

ここで秀吉が最後の頼みとしたのがまつだった。『川角太閤記』は、このときの様子を次のように伝える。秀吉は利家が引いた越前府中城《えちぜんふちゅうじょう》に単騎で駆けつけ、出迎えた利家を振り切ってまつのもとに参じる。そしてまつに「今日の合戦が有利に進んだのは利家のおかげです」と言い、続けて「豪姫は元気です」と伝えた。まつが秀吉の勝利に祝いを述べると、まだ勝家との最終決戦が残っている秀吉は「利家をお借りしたい」とまつに頼む。秀吉は、まつが了承すれば利家は逆らわないとわかっていたのだ。そのうえでまつの心証を良くするために豪姫の息災を伝えた。秀吉の思惑を汲んだまつはこれを認め、利家は秀吉に従って勝家が籠城《ろうじょう》する北ノ庄城《きたのしょうじょう》攻めに加わる覚悟を決めたのである。豪姫という子をかすがいにつながった両夫婦の絆が、あまりにも苦しい選択の最終的な決断を後押ししたのだった。

勝家に勝利した秀吉は、破竹《はちく》の勢いで四国、九州、関東を平定して天下統一を成し遂げ、賤ヶ岳の戦い以来一貫して秀吉を補佐してきた利家は、豊臣政権の重鎮《じゅうちん》となった。

そして二人を支えてきた糟糠の妻、ねねとまつも、権力者の妻として崇敬《すうけい》を集めるようになった。

戦国時代の女性というと、男性たちの身勝手に翻弄《ほんろう》される哀れな存在というイメージを持たれがちだが、実際の戦国大名の妻は、家中を取り仕切る強い発言力を持っていた。ねねは秀吉が信長の家臣だった頃から領国経営に加わっており、秀吉が領民に免除してきた年貢《ねんぐ》や兵役を秀吉が課そうとしたときに、ねねの鶴の一声で免除が継続になったこともある。秀吉が朝廷の最高官位である関白《かんぱく》に任命されると、その妻に与えられる称号・北政所《きたのまんどころ》と呼ばれるようになったねねは、しばしば朝廷から贈り物を受け取っており、朝廷からも重要人物と見なされていたことがわかる。

そんなねねを、まつは変わらぬ友情で支え続けた。ねねと秀吉、まつと利家は、天下を差配する立場になっても夫婦そろって協力し合った。最晩年の秀吉が開催した盛大な花見の会「醍醐《だいご》の花見」の輿《みこし》行列では、当然ながらねねの輿が一番に進み、以降も秀吉の側室が続いたが、6番目は唯一秀吉以外の妻であるまつの輿だった。豊臣政権でまつがいかに影響力を持っていたかがうかがえる。このときの宴席では、秀吉の側室の淀殿と松《まつ》の丸殿《まるどの》が、どちらが先に秀吉から杯を受けるかで言い争いになったが、ねねとまつが二人を取りなしてまるく収めたと伝わる。

この花見から半年も経たずに秀吉は世を去り、さらに翌年には利家も後を追うように世を去った。二人の妻たちは出家し、ねねは高台院《こうだいいん》、まつは芳春院《ほうしゅんいん》と名を改めた。静かに夫の菩提《ぼだい》を弔いたいところだが、秀吉と利家亡きあとの天下を徳川家康《とくがわいえやす》が虎視眈々《こしたんたん》と狙っている。まだ隠居《いんきょ》を決め込むには早かった。

合戦の口実を得たい家康は、利家の後継者・利長《としなが》が国元の加賀《かが》で謀反《むほん》を企てていると言いがかりをつけて煽《あお》る。穏便にすませたい利長は、謀反の意思などないと家康に申し開きするが、家康はそれならば誠意を見せろとまつを人質《ひとじち》として江戸に送るよう詰め寄った。するとまつは進んで人質になったため、家康は加賀攻めを断念せざるを得なかった。まつの江戸での人質生活は約15年におよび、利長の死去でやっと帰国を許される。すでに天下は家康の手中にあり、まつの帰国と同年の大坂《おおさか》冬の陣、さらに翌年の大坂夏の陣で、ねねとまつが懸命に守ろうとした豊臣氏は滅亡する。このときねねは家康と通じた甥・木下利房《きのしたとしふさ》に監視され、身動きが取れなかったという。

大坂夏の陣の翌年には家康が没し、一つの時代が終わった。この頃からまつは病気がちになったが、この世の最後の思い出としてねねに一目会いたいと願い、ねねが住む京へ向かった。ねねとまつは久しぶりに再会し、お互いの息災を喜び合う。しかしまつはその直後に体調を崩し、加賀に帰国して間もなく息を引き取ったのだった。その7年後にはねねも世を去り、豊臣の時代は静かに幕を閉じる。まつの最後の京入りは、まるでねねに今生《こんじょう》の別れを告げに行ったかのようだ。夫とともに天下を取るまでに駆け上がり、またその天下の終焉《しゅうえん》を見届けた二人は、お互いを唯一無二の戦友とさえ思っていたのではないだろうか。

ねね　ねね

尾張朝日村の杉原氏に生まれる。のちの豊臣秀吉である木下藤吉郎《きのしたとうきちろう》と結婚。秀吉が天下人になると北政所と呼ばれた。秀吉との間に実子はなかったが、前田利家の娘・豪姫などを養子縁組して養育した。秀吉死後は落飾《らくしょく》して高台院と称する。晩年に秀吉ら血縁者の菩提を弔う高台寺《こうだいじ》を創建。享年は76、77などが伝わる。

まつ　まつ

尾張沖島の篠原氏に生まれる。父の戦死により、母と血縁のある前田氏に引き取られて従兄の前田利家と結婚。11人の子宝に恵まれたという。豊臣秀吉・ねね夫婦とは家族ぐるみの親交があった。利家死後は落飾して芳春院と称する。関ヶ原の戦いに際し、前田氏が謀反を疑われると進んで人質となった。享年71。

石田三成×大谷吉継

関ケ原で西軍を率いた
名将たちの絆

現在の滋賀県長浜市《ながはまし》にある石田町《いしだちょう》は、天下人・豊臣秀吉《とよとみひでよし》に仕えて豊臣政権の中枢を担った石田三成《いしだみつなり》の出身地と伝わる。石田町には治部《じぶ》という地域があり、この治部とは三成が朝廷から賜《たまわ》った官職である治部少輔《じぶのしょう》にちなんでいる。そして滋賀県——かつての近江《おうみ》について記した江戸時代の地誌『淡海温故録《おうみおんころく》』などによれば、三成とともに秀吉に仕えた大谷吉継《おおたによしつぐ》も近江出身と伝わる。吉継の父親には諸説あり、武士とも僧侶ともいわれるが、母親は秀吉の正室・高台院《こうだいいん》（ねね）に仕えた東殿《ひがしどの》とわかっており、母親の縁から秀吉に仕えたと推測される。

二人の生年は、三成が永禄《えいろく》3年（１５６０）、吉継が永禄2年（１５５９）といわれ（諸説あり。近年では吉継の生年を永禄8年とする説も有力視されている）、年齢は近かったようだ。秀吉に仕官したときの年齢は詳しくはわかっていないが、二人とも10代前半には仕えていたと見られる。この頃の秀吉はまだ織田信長《おだのぶなが》の一家臣で、羽柴《はしば》秀吉と名乗っていた。戦国大名・浅井《あざい》氏を攻め落とした小谷城《おだにじょう》の戦いなどの戦功を評価され、長浜の地に初めて自分の城を持った時期である。しかし、裸一貫からの叩き上げである秀吉は城持ち大名にふさわしい規模の家臣団を持っておらず、長浜の有望な人材を集めて〝子飼《こが》いの将〟とした。三成と吉継はともにこの頃、秀吉に見出されて側に仕える小姓《こしょう》になったと考えられている。二人の縁は、少年時代から始まっていた。

三成と吉継は、秀吉の主な合戦のほとんどに参加している。信長が家臣・明智光秀《あけちみつひで》の謀反《むほん》で命を落とした本能寺《ほんのうじ》の変の勃発時、秀吉は信長の命令で中国地方攻略に出陣しており、毛利《もうり》氏配下の備中高松城《びっちゅうたかまつじょう》を攻めていた。しかし、変の一報を受けると素早く和睦《わぼく》を結んで合戦を収め、「中国大返し」の強行軍で転進。山崎《やまざき》の戦いで光秀を滅ぼす。この一連の戦いにも三成と吉継は加わっており、秀吉の戦術を学んでいた。特に二人は知略を得意とし、秀吉が信長亡き後の織田家の実権をめぐって信長の旧臣・柴田勝家《しばたかついえ》と争った賤ヶ岳《しずがたけ》の戦いでは欠かせない働きをした。三成は秀吉が勝家の急襲を防ぐために本陣を移した約52㎞の道のりに松明《たいまつ》と食料を整えて迅速な行軍を実現し、吉継は領地替えで長浜城主となっていた勝家の養子・柴田勝豊《かつとよ》を調略して秀吉側に引き込んだのである。三成と吉継の〝裏方仕事〟が功を奏し、賤ヶ岳の戦いは秀吉の勝利に終わる。

二人の能力を高く評価した秀吉は朝廷に働きかけ、同時期に三成は従五位下《じゅごいげ》治部少輔、吉継は従五位下《じゅごいげ》刑部少輔《ぎょうぶのしょう》に叙任された。年齢や出身地だけでなく、得意分野も出世した時期もほぼ同じ二人となれば、対抗心を燃やしても不思議はない。しかし三成と吉継はむしろ理解し合える親友として仲を深め、協力して秀吉の天下取りを支えた。

三成と吉継が従五位下に叙された翌年、秀吉は朝廷から豊臣姓を賜り、最高官職の太《だい》政大臣《じょうだいじん》に就任。官軍を率いる豊臣秀吉として天下に号令し、関東随一の戦国大名・北条《ほうじょう》氏を降《くだ》すなどして天下統一を成し遂げた。こうして確立された豊臣政権下で、三成と吉継は諸大名や各領地の管理、統制などを担当する官僚としてますます重用される。

しかしこの頃、吉継は病魔に侵されていた。発症した年齢は判然としないが、秀吉の天下統一戦が大詰めを迎える頃にはすでに病身だったようだ。特に眼の症状が重く、晩年にはほぼ失明していたという。また、皮膚の病変や歩行困難なども伝わっていることから、それらの症状が出やすいハンセン病を患っていたのではないかという説もある。

医療が未発達な当時、吉継の病を恐れる者がいたことは想像に難くない。そんななかでも三成は、病など意に介さず吉継と変わらない交流を続けた。秀吉の居城・大坂城で開かれた茶会での逸話がある。吉継が茶を飲んだとき、膿《うみ》が茶碗に落ちてしまった。茶会では参加者全員が一つの茶碗を回し飲みすることになっているため、吉継のあとに順番が回ってきた参加者は飲むふりだけして次に回していった。しかし三成は、その茶をすべて飲み干したのである。これに感激した吉継は、心の中で三成に生涯の友情を誓ったという。ただしこの逸話は出典が未詳で、事実とは考えにくい。裏を返せば、二人の友情は出典を離れて伝わるくらいに、後世の人々にも感銘を与えたのだろう。

この茶会の逸話でもわかるように、三成は清廉《せいれん》で情に厚い性格だった。しかし、潔癖で厳格でもあったため、三成を「へいくわい者（横柄な人物）」と呼んで嫌悪する者も多かった。晩年の秀吉が海外進出を目論《もくろ》んで行った文禄《ぶんろく》・慶長《けいちょう》の役では、三成と吉継同様に子飼いの将として育った加藤清正《かとうきよまさ》や黒田長政《くろだながまさ》が前線で戦ったが、特に彼らのような「武功派」の将は、秀吉との取次役として後方支援に回った三成を「告げ口ばかりして武器は持たない腰抜け」と蔑《さげす》むようになり、三成は政権内で孤立していく。それでも隣にはいつも吉継がいたため、孤立することにはならなかった。実は吉継も、病を押して文禄・慶長の役に参加している。『関原軍記大成《せきがはらぐんきたいせい》』などには、病気を理由に引退を望んだ吉継が秀吉に慰留された逸話が伝わるが、吉継が病身でも出仕を続けた理由には、三成への心遣いもあったと考えられる。

しかしここにきて、三成に最大の危機が訪れた。秀吉が病没したのである。三成は秀吉に守られていたからこそ政権内で発言を通せた部分も大きく、武功派は三成への反感を隠さなくなっていった。さらに、秀吉の後継者・秀頼《ひでより》が6歳の幼子であるのいいことに、豊臣家の家臣に甘んじてきた徳川家康《とくがわいえやす》が天下取りの野望を露わにする。当時の豊臣政権は秀吉の遺命により秀頼を補佐する五大老《ごたいろう》・五奉行《ごぶぎょう》制度を取っており、家康は大老、三成は奉行として協力する立場にあった。三成は、少年時代から目をかけてくれた恩義ある秀吉が築いた世を狙う家康に怒りを禁じ得ず、両者の対立は不可避であった。

　このとき、吉継も三成と同じ反応を示したかというと、そうではなかった。吉継は家康の将器《しょうき》を高く評価しており、家康もまた吉継を信頼していたのだ。関ヶ原《せきがはら》の戦いなどを記録した『慶長見聞集《けいちょうけんもんしゅう》』には、三成が家康の屋敷を襲撃するという風聞が流れたときに、吉継は家康のもとに参じたと記されている。しかし一方で、清正ら武功派が家康に三成の処罰を訴え出て、家康が三成を居城・佐和山城《さわやまじょう》に蟄居《ちっきょ》させることで決着させたとき、吉継が家康に三成への寛大な処置を願い出たことも同書には記されており、吉継が常に三成を心配していたことがうかがえる。

　政権を追放されて謹慎《きんしん》の身となった三成は、それでもなお家康に一矢報《いっしむく》いることをあきらめなかった。そして、家康が会津《あいづ》の上杉氏に謀反の疑いありとして会津攻めに出陣すると、その隙を突いての挙兵を決意する。吉継は家康に従って会津へ向かう途中で三成に佐和山城へ呼び出され、そこでこの挙兵計画への協力を請われる。吉継は冷静に「家康は人望を集めているが、三成には人望がない」と諭《さと》して断念させようとしたが、三成は「秀頼様のためにも立たねばならない」とまったく退かない。そこで吉継が選んだのは、「三成、お前の覚悟は承知した。ならばこの命をくれてやろう」――親友とともに勝ち目のない戦いに身を投じることだった。「吉継は自分に味方する」と思い込んでいた家康は、吉継が三成についたと知るとひどく狼狽《うろた》えたという。

こうして開かれたのが〝天下分け目〟といわれる関ヶ原の戦いである。このときの吉継はすでに目も見えず、歩くこともできず、輿《こし》に乗って軍を指揮したという。三成率いる西軍は序盤こそ有利に合戦を進めたが、家康と内通していた小早川秀秋《こばやかわひであき》が寝返ったため一気に戦局が逆転する。西軍最大級だった小早川隊は、隣に展開する吉継の陣に殺到。秀秋の裏切りを予見して隣に布陣したともいわれる吉継は果敢に反撃したが、小早川隊に連鎖して寝返った脇坂《わきざか》隊など4隊にも猛攻を受けて大谷吉継隊は壊滅し、吉継はついに陣中で自刃《じじん》して果てる。その2時間ほどのちには三成も敗走。関ヶ原の戦いは1日にして家康率いる東軍の勝利に終わった。逃げた三成は東軍に捕縛され、京の六条河原《ろくじょうがわら》で斬首《ざんしゅ》されて生涯を閉じたのである。

人が人として尽くすべき道を「義《ぎ》」という。戦国時代には忠義や大義を美徳とする概念はまだなく、自らの意志で秀吉と豊臣家への義を掲げた三成の高潔さは類稀《たぐいまれ》である。そして、利を基準に物事をはかる戦国時代において、ただ純粋な友情で結ばれた三成と吉継もまた類稀な存在であった。結果的に二人は悲劇的な最期を遂げたが、義と友情を貫いて逝くことは、望みどおりだったのではないだろうか。

石田三成　いしだみつなり

近江国坂田郡石田村出身。少年期から豊臣秀吉に仕え、秀吉の政権樹立後は官僚として検地や刀狩りなどを主導。秀吉死後は五奉行に就任し秀頼を補佐する。佐和山城主として公平な領地運営を行い、領民には慕われたという。天下簒奪《さんだつ》を目論む徳川家康排除のため関ヶ原の戦いに臨むも敗北し、京の六条河原で斬首された。享年41。

大谷吉継　おおたによしつぐ

出身地には諸説あり、近江国説のほか豊後《ぶんご》国説もある。三成と同じく少年期から豊臣秀吉に仕え、豊臣政権では官僚として大名との取次役などを担当。一説ではハンセン病といわれる病気を患い、ほぼ失明しながらも政権に関わり続けた。三成に協力して関ヶ原の戦いに参戦するも、小早川秀秋軍の裏切りにより自刃。享年42と伝わる。

立花道雪 × 高橋紹運

「雷神・風神」と
呼ばれた忠臣たち

戦国時代の九州は、豊臣秀吉《とよとみひでよし》の九州攻めで平定されるまで豊後《ぶんご》国の大友《おおとも》氏・肥前《ひぜん》国の龍造寺《りゅうぞうじ》氏・薩摩《さつま》国の島津《しまづ》氏が三つ巴《みつどもえ》の争いを繰り広げていた。さらに大友氏は北東側が中国地方と接しており、安芸《あき》国の毛利《もうり》氏にも注意を払う必要があった。このような難しい場所に領土を持つ大友氏を一貫して支え続けた重臣が、立花道雪《たちばなどうせつ》と高橋紹運《たかはしじょううん》である。二人の生年は道雪が永正《えいしょう》10年（1513）、紹運が天文《てんぶん》17年（1548）で、道雪のほうが30歳以上も年上だった。親子ほどの年齢差がある二人だが、当時の大友氏当主である大友義鎮《よししげ》（宗麟《そうりん》）に身命を捧げる忠臣として互いに敬意を払い、強い信頼関係で結ばれていた。

道雪はもとの名を戸次鑑連《べっきあきつら》といい、大友氏の分家に当たる戸次氏の出身。大友氏の重臣「豊州三老《ほうしゅうさんろう》」の一であった。ここでの〝老〟は、大名家の諸事を取り仕切る家老《かろう》職を指す。道雪という名は、宗麟の出家にならって名乗った法号である。こののち、大友氏重臣の立花鑑戴《たちばなあきとし》が毛利氏と組んで反逆した際、道雪がこれを鎮圧《ちんあつ》し、立花氏を再興するために立花山城主となって立花姓を継いだ。刀剣のいわれを記した『刀談片々《とうだんへんぺん》』によると、若き日の道雪は落雷の中から現れた雷獣を愛刀で斬《き》り伏せ、この刀を雷切丸《らいきりまる》と名づけたが、同時に足が立たなくなったという。実際に道雪は足が不自由だったため輿《こし》に乗って軍を指揮したが、戦いぶりは勇猛果敢で、兵の士気を上げることが得意だったと伝わる。

一方の紹運はもとの名を吉弘鎮理《よしひろしげまさ》といい、父・鑑理《あきまさ》が「豊州三老」の一人だった。妹・菊姫《きくひめ》は宗麟の嫡男《ちゃくなん》・義統《よしむね》の正室《せいしつ》であり、大友氏とは婚姻関係でも結ばれていた。大友氏に仕える高橋鑑種《あきたね》の反逆を父や兄・鎮信《しげのぶ》らと鎮圧し、筑前《ちくぜん》の名家である高橋氏を再興するために高橋姓を継いだ。同時に高橋氏が本拠地とする岩屋城《いわやじょう》と宝満城《ほうまんじょう》も引き継いでいる。こののち、鎮信の討死などを経験して出家し、紹運の法号を名乗った。紹運は誠実な性格だったといわれ、江戸時代の逸話集『常山紀談《じょうざんきだん》』もその人柄を伝えている。紹運の正室・宋雲院《そううんいん》がまだ紹運の婚約者だった頃、天然痘《てんねんとう》を患って顔に痕《あと》が残ってしまった。このため宋雲院の実家は縁談を取り消そうとしたが、紹運は宋雲院の優しさや温厚さに惹かれていると言って約束通り結婚したのだった。この二人の間に生まれた嫡男が、のちに道雪の養子となる宗茂《むねしげ》である。

道雪と紹運に他家の名跡を継ぐよう命じたのは宗麟に他ならない。立花山城と岩屋城・宝満城は龍造寺氏の領土にも中国地方への経路にも近い守りの要所であり、絶対的な信用が置ける家臣を配置しなければならなかった。そうなれば道雪と紹運しかあり得ないと宗麟は考えたのである。主君の信頼に応えるため、道雪と紹運は手を取り合い、共闘することを誓い合う。

道雪と紹運は反逆者の名跡を継いだことになるが、立花鑑載と高橋鑑種だけが野心家だったわけではない。大友氏にはほかにも反逆が相次いでいた。戦国時代の武将たちは状況を見て出仕先を選んでいたため、大名家のパワーバランスが不安定な九州ではこうした状況もしかたないともいえるのだが、当主たる宗麟にも原因があった。宗麟は幼少期から激昂《げっこう》しやすく、前当主の義鑑《よしあき》が廃嫡《はいちゃく》を考えたほどである。更に宗麟は義統に家督《かとく》を譲るとキリスト教にのめり込み、神社や寺、仏像などを破壊し、酒色に溺れた。見かねた道雪に説教されることもあった。それでも海外との貿易を積極的に試みたり、無料の診療所をつくったりする為政者《いせいしゃ》らしい部分もあったからこそ、道雪と紹運は宗麟と大友氏を見限れなかったのだろう。

しかし、耳川《みみかわ》の戦いで島津氏に大敗を喫すると、全盛期を迎えていた大友氏は一気に衰退してしまう。耳川の戦いは、島津氏に攻め込まれて故郷を追われた日向《ひゅうが》の伊東義祐《いとうよしすけ》からの救援要請を、宗麟が受け入れて始まった。ところが合戦が始まると、大友軍内部は和平派と主戦派に分かれていがみ合い、連携が取れていないところに島津軍が得意とする伏兵戦法・釣り野伏《つりのぶせ》を仕掛けられて散々に打ちのめされた。紹運の兄・鎮信が討死したのもこのときである。耳川の戦いの大敗によって、島津氏の勢いは大友氏を凌駕《りょうが》するようになり、龍造寺氏も大友氏攻略を狙うようになってしまった。

道雪が紹運の嫡男・宗茂を養子に望んだのはこの頃である。当時、すでに70歳近くなっていた道雪から立花山城主を受け継いでいたのは、一人娘の誾千代《ぎんちよ》だった。男子が生まれなかった道雪は、守りの要である立花山城を任せられる人物を誾千代の婿《むこ》養子に迎えたいと考えていて、ずっと探していたのだ。そして、才気あふれる宗茂に惚れ込んだのだった。

しかし紹運にしてみれば、宗茂は高橋氏の後継者として手塩にかけて育てた嫡男である。さすがに断ったが、道雪は食い下がった。確かに道雪は寿命が迫っており、早く立花氏の安泰を手に入れたいという思いはある。しかしそれ以上に、大友氏が耳川の戦いに敗れて島津氏からも龍造寺氏からも狙われている今、大友氏への忠誠を同じくする立花氏と高橋氏の絆をより強いものにしたい。道雪は胸の内を懇々《こんこん》と訴えた。そして、道雪の思いに共感した紹運はついに宗茂を立花氏の養子に出すことを了承したのだった。

北九州の史書『豊前覚書《ぶぜんおぼえがき》』によれば、宗茂15歳、誾千代13歳のときだという。戦国時代にはほかに女性城主がいなかったのかといえば、NHK大河ドラマ「おんな城主　直虎」の主人公として描かれた井伊谷《いいのや》城主・井伊《いい》直虎《なおとら》などがいる。しかし、体力的にも精神的にも過酷な城主の責務を娘に背負わせるのは心苦しいのが親心だろう。女性城主は男性がいない場合の中継ぎ役となることがほとんどである。誾千代もそのケースだった。

耳川の戦いで大友氏の勢力を削いだ島津氏は龍造寺氏に標的を変え、沖田畷《おきたなわて》の戦いで当主・龍造寺隆信《たかのぶ》を討ち取った。こうして龍造寺氏が弱体化すると、宗麟は龍造寺氏に攻め落とされていた筑前の奪還を狙って道雪と紹運に出陣を命じる。二人は協力して高《たか》牟礼城《むれじょう》や黒木城《くろきじょう》を落とす戦功を上げたが、このとき道雪はすでに70歳を超えていた。さすがの道雪も老体に鞭打っての連戦で疲弊し、戦地で病に倒れる。

道雪の死の前年、紹運が道雪との連署で同盟者の豪族・蒲池《かまち》氏に送った書状には、道雪が腫《は》れ物を患《わずら》って花押《かおう》をうまく書けないとする内容が記されており、病の兆候が見て取れる。花押は当時の大名が直筆で書く一種のサインであり、この書状にある道雪の花押は確かに歪《いびつ》な姿をしている。それでも道雪は、紹運とともに戦場に立ち続けた。反逆が相次ぐ大友氏家臣の中で宗麟が信頼を置けるのは、もはや道雪と紹運しかいなかったのだ。しかし道雪は、柳川城《やながわじょう》を攻める最中でついに力尽きる。北野《きたの》の地に張った陣中で、紹運に見守られながらの最期だった。無念のあまり「自分の遺骸に甲冑《かっちゅう》を着せ、柳川城の方角に向けてこの地に埋葬せよ」と遺言するほどだったという。

紹運は道雪を失ったのちも大友氏のために戦い続けたが、島津氏と龍造寺氏が手を組むといよいよ窮地《きゅうち》に追い込まれた。このため宗麟は、飛ぶ鳥を落とす勢いの秀吉に臣下《しんか》の礼《れい》を取って協力を要請し、これに応えた秀吉の九州攻めが始まる。紹運にとっては、直接の主君である宗麟の上にさらなる主君として秀吉が現れたかたちだ。それならば、秀吉軍が九州に上陸するまで岩屋城・宝満城を死守することが秀吉に対する紹運の仕事始めとなる。ここで秀吉の心証を良くしておけば宗麟の株が上がり、宗茂も好待遇を受けられるはずだ。

紹運は700ほどの精鋭兵とともに岩屋城に籠城《ろうじょう》し、5万とも伝わる島津の大軍を迎え撃ったが、これは意図的に寡兵《かへい》で挑んだともいわれる。不利な条件で命懸けの戦いをすれば、秀吉の覚えもめでたくなるに違いないと考えたのだ。そして、そのために命を捨てる覚悟だった。島津氏家臣・上井覚兼《うわいかくけん》が記した『上井覚兼日記』によると、紹運は度重なる島津軍の降伏《こうふく》勧告に対し、「自分が城を出なくてもいいなら降伏する」と非常識な条件を突きつけたという。これを挑発《ちょうはつ》と受け取った島津軍は総攻撃を実行し、紹運と岩屋城の精鋭兵は全員が玉砕《ぎょくさい》した。戦国時代であっても一軍勢が全員討死する合戦は珍しく、壮絶な戦いだったことがうかがえる。戦後、秀吉は紹運の勇猛さを高く評価し、宗茂を直臣に取り立てて柳川城を与えた。紹運の狙いどおり、宗茂は豊臣政権で丁重に扱われたのだった。

主家が傾いても支え続けた道雪と紹運は、歳が離れていても清廉《せいれん》な志を同じくした友人同士だった。この二人の薫陶《くんとう》を受けた宗茂もまた、関ヶ原《せきがはら》の戦いでは不利と見られた主家・豊臣氏のために戦った。二人の魂は、二人が育てた息子へとしっかり受け継がれたのである。

立花道雪　たちばなどうせつ

豊後国鎧岳城《よろいだけ》主・戸次親家《ちかいえ》の次男として生まれる。もとの名は戸次鑑連。出家して道雪を名乗り、立花氏の反乱を鎮圧して立花姓を継いだ。大友氏の分家筋である縁から大友氏に仕えて豊州三老の一人とされた。紹運の嫡男・宗茂を養子に迎えて後継者とする。70歳を過ぎても戦場に立ち、龍造寺氏との交戦中に陣没。享年73。

高橋紹運　たかはしじょううん

豊州三老の一人・吉弘鑑理の次男。もとの名は吉弘鎮理。高橋氏の反乱を鎮圧して高橋姓を継ぎ、のちに出家して紹運を名乗った。道雪から嫡男・宗茂を養子に切望され、これを承諾する。道雪とともに大友氏への忠誠を貫き、道雪死後も一線で戦い続けた。秀吉の九州攻めに先駆けた岩屋城の戦いで討死を遂げる。享年39。

葛飾北斎×滝沢馬琴

喧嘩するほど仲が良い?!
江戸最強のクリエイターたち

古来、「喧嘩《けんか》するほど仲がいい」といわれる。江戸時代の戯作者《げさくしゃ》・曲亭馬琴《きょくていばきん》(滝沢馬琴)と浮世絵師《うきよえし》・葛飾北斎《かつしかほくさい》はまさにその通りの関係だった。

戯作者とは今で言う小説家のこと。もともと馬琴は武家の生まれだが、紆余曲折《うよきょくせつ》ののちに作家の道へ進み、その生涯で多くの作品を残した人物でもある。

現代も筆一本でやっていけるプロ作家は一握りだが、それは江戸時代でも同じことで、戯作のみで生計を立てるのは難しかったようだ。同時代に戯作者として名を成した山東京伝《さんとうきょうでん》でさえ、本業の片手間に執筆をしていたという。馬琴は最初この京伝を頼って戯作者の道を切り開こうとするのだが、彼には弟子入りを断られたうえ「戯作を書くよりどこかに奉公《ほうこう》に出たほうがいい」と諭《さと》されたという話も残っている。

しかし馬琴はその難関を乗り越えた。そして『南総里見八犬伝《なんそうさとみはっけんでん》』、『椿説弓張月《ちんせつゆみはりづき》』といった長編をはじめ、多くのヒット作を残すことになる。しかしその性格は生真面目で神経質。人付き合いも苦手なのか、人が家に来ても病気だといって会わない。ましてや自家に泊まる人間などさらに嫌悪しており、日記にも「泊まり客は尤《もっと》も厭《いと》うべし」と書き残すなど、気難しくへそ曲がりな人間だった。

一方、葛飾北斎は馬琴と同時期に活躍した浮世絵師。富士山をテーマにした『富嶽三《ふがくさん》十六景《じゅうろっけい》』などでも有名な北斎だが、その性格は相当変わっていたようだ。90歳で亡くなるまで、北斎がその生涯で引っ越しすることなんと93回。部屋が汚れたら掃除をせずに散らかしたまま引っ越しするので、ほとほと困った弟子が「誰か雇って掃除させたほうが安いのでは」と説得したという話も残っている。家だけでなく名前さえコロコロと変えるなど自由奔放なクリエーター気質だった。明治時代に出された研究本『葛飾北斎伝』の一行目が「画工北斎は畸人《きじん》なり」から始まっているところを見ても、彼の変人ぶりは際立っていたようだ。

このように性格も職種も異なる馬琴と北斎が、あることをきっかけに急接近する。それが江戸時代の小説「読本《よみほん》」のブームだ。もともと江戸初期頃に、京都から本の流行が始まったと言われている。やがて江戸でも大衆向けに様々な本が発行され、江戸末期には大人向けの読み物、黄表紙《きびょうし》本が大ブームとなった。

馬琴もそのブームに乗って多くの本を出したが、読本には文章だけでなく挿絵が入ることが一般的。馬琴の小説のイラストレーターとして、版元が組ませたのが北斎だった。

二人が初めて組んだのは、享和《きょうわ》4年（1804）に出された『小説比翼文《しょうせつひよくもん》』。翌年には『新編水滸画伝《しんぺんすいこがでん》』、さらに2年後には『椿説弓張月』『そののゆき』。それ以外にも二人は手を組み、数多くの作品を生み出すことになる。

彼らの本で特徴的なのは絵の多さだ。北斎は馬琴の作品に膨大な数の挿絵を提供したのである。これほど多くの作品を作るには、密なコミュニケーションが大切だ。それが理由だったのか、数か月だけ二人は同居していたと『葛飾北斎伝』に書かれている。

しかし馬琴は日記に「人が家に泊まることほど嫌なことはない」と書き残すほどの人間嫌いだ。そんな彼が北斎を数か月もの間、家にとどめたというのだから世間の人も驚いたに違いない。神経質と大雑把。性格は真逆のコンビではあるものの、今でいうところの人気小説家と人気イラストレーターが組むようなもの。彼らの作り出す本は、人気が出ないはずがない。もちろん、出版社側もそれを期待したことだろう。しかし、そうは問屋がおろさなかった。それはやはり北斎の性格のせいである。

当時の読本は、戯作者が絵のラフを描いて絵師がその通りに仕上げる、というのがスタンダードな流れだ。もちろん馬琴も自分の作品を活かすようなラフを描いて北斎に渡すのだが、彼はすんなりと絵を描いてはくれない。このキャラクターは右側に配置するようにと指示をしても、北斎は気分のままに左に置いてしまう。神経質な馬琴には耐えられない約束破りを平気でする。そもそもクリエーター気質の北斎は、作家の言うことを聞かず自分勝手に絵を描く癖があったようだ。そのたびに完璧主義の馬琴はイライラと腹を立てた。よほど怒りが収まらなかったのか、友人への手紙に「北斎は勝手に絵を改変して自分の指示を全く聞かない」と愚痴を書き残している。

そんな二人の有名なエピソードの一つに、中国唐代の小説を取り込んだ読本『三七全《さんしちぜん》伝南柯夢《でんなんかのゆめ》』で起きた言い争いがある。馬琴の書いた男女の心中シーンに、北斎は小説の中には登場しない野狐の姿を描き入れてしまった。もちろん馬琴の指示ではない。しかもこの場面は登場人物が死を選ぶという、重要かつ切ないシーン。江戸時代、狐といえば人を騙すものだった。こんなところに狐がいると、まるで二人が狐に化かされて死んだようではないかと馬琴は怒り、絵を突き返した。一方北斎は「馬琴は絵によって小説を補うということをわかっていないのだ。この絵を削るならこれまでの挿絵をすべて返してもらう。もう二度と彼の作品には絵をつけない」とこちらも激怒。版元は大いに弱って、あちこち駆けずり回ってなんとか二人を和解させたとか。北斎はこの作品では狐だけでなく、物語には出てこない犬の絵を描きこんだり、本文中とは異なる楽器を持つ登場人物を描くなど、自由な挿絵をつけている。しかしこれについて馬琴が文句を言ったという話は残っていないところからすると、馬琴も折れるところは折れたのかもしれない。

一方、もちろん馬琴も全部が全部北斎の好き勝手にはさせなかった。どうしても自分の指示通りに描いてほしいものについては、わざと逆に書いた指示書を素知らぬ顔で北斎へ渡す、などという作戦をとっていたようだ。そうすると天邪鬼《あまのじゃく》な北斎はそれを見て逆に描く。つまり馬琴の目論見《もくろみ》通りに絵が仕上がるという寸法だ。この作戦を馬琴は友人への手紙に自慢げにしたためている。気難しい馬琴がここまで折れたのは、北斎の絵を気に入っていたせいだろう。ほかの手紙で「北斎以上の絵師は江戸にはいない」「さすが北斎」と、北斎の知らないところで彼をべた褒めするなど、絵については熱い評価をおくっている。

しかし『三七全伝南柯夢』の続編『占夢南柯後記《ゆめあわせなんかこうき》』で、とうとう二人は絶交する羽目になった。とあるシーンで、馬琴は「登場人物の一人に、わらじをくわえさせるように」と、指示を出した。しかしその指示を見た北斎は「こんな汚いものを誰が口にくわえるものか。それなら君がわらじをくわえてみせろ」とせせら笑う。これには馬琴も怒り、絶交したといわれている。

……が、じつはこの不仲説は後付の噂話だと、『葛飾北斎伝』には記されている。馬琴と北斎は仕事だけでなくプライベートでも付き合いがあったようだ。あるとき、北斎の母親の法事が行われることとなり、馬琴は北斎のためにいくばかのお金を用意したという。その夕刻に北斎が帰ってくると、金を包んでいた香典袋《こうでん》で鼻をかむ。それを見た馬琴は「それは金を包んでいた袋じゃないか。かならず仏事に使うようにと言っておいたのに、もしや他に消費してしまったのか。この親不孝者め」と罵《ののし》った。

もとより武家の出身で、こういった礼儀作法にうるさい馬琴である。しかし叱られた北斎はしれっとした顔で「確かにあの金は自分の口の中に消えた。僧侶を呼んで仏事をするよりも、自分の体を養って100歳まで生きるのが父母への一番の孝行になるのではは？」と切り返し、さすがの馬琴も何も言い返せなかったという。

『葛飾北斎伝』は「こんなことを言い合えるのも親密だからこそであり、そんな二人が挿絵の話で絶交するものだろうか」とまとめている。また、喧嘩の後も二人はちょくちょく組んで作品を作っていることからしても、前述の「わらじ事件」も、いつもの喧嘩くらいのノリだったのかもしれない。

馬琴はその生涯に数多くの作品を生み出したが、執筆にあたって全部が全部うまく運んだわけではない。江戸で人気の『水滸伝《すいこでん》』をモチーフに、北斎と組んで書き上げた『新編水滸画伝』は、続編の執筆を投げ出している。とはいえ、これは北斎のせいではなく、版元とのいざこざが原因だった。馬琴の断筆宣言によって困った版元は仕方なく、これも戯作者の高井蘭山《たかいらんざん》に依頼をし、北斎と組ませて続きを書かせるのだが、これを聞いた馬琴は「北斎の絵だから売れるはずだ」と人への手紙に書いた。同時に北斎も蘭山の文章を読んで「蘭山の文は馬琴の翻訳には到底かなわない」と嘆息したそうだ。

どんなに大喧嘩していても、密かにお互いの才能は認め合っていた。北斎と馬琴は江戸最強のクリエーターバディだったのである。

葛飾北斎　かつしかほくさい

江戸後期の浮世絵師。その作品は海外の画家にも大きな影響を与えた。アメリカの「LIFE」誌の「過去1000年の間で最も重要な人物」で日本人唯一選出された、現代でも多くの展示会が行われて大盛況を呼ぶ画家である。

滝沢馬琴　たきざわばきん

武士の生まれながら戯作者（小説家）の道へ進んだ。『南総里見八犬伝』をはじめ、長編小説を多く執筆し江戸に読本のブームをおこす。その著述生活は60年の長きにおよび、筆一本で家族を養った日本最古の専業作家とされる。

歌川国芳×梅屋鶴寿

江戸っ子人気絵師と年下パトロン

最近はすっかり一般的な言葉として定着した「推し活《おかつ》」。アイドルや俳優などの活動を応援し、ときに金銭的にも援助する。タニマチ、パトロンなど、昔からいろいろな呼び方はあるが、江戸時代の浮世絵の世界にもそんな関係の二人が存在した。それは江戸末期に活躍した浮世絵師《うきよえし》の歌川国芳《うたがわくによし》と、狂歌師《きょうかし》の梅屋鶴寿《うめのやかくじゅ》である。

ワイルドな筆致と、繰り返し「猫」を描いたことで有名な歌川国芳。まるで動き出しそうなほど迫力のある武者絵《むしゃえ》を得意とし、人々の度肝を抜くような巨大なクジラの絵で知られるが、絵を描くだけでなく多くの弟子を育てあげた。現在でも各地で展覧会が開かれるほど人気の高い浮世絵師だ。

一方、国芳を支えた梅屋鶴寿は、20歳そこそこの若いときから狂歌師仲間の間に名前があがるほどの人物だったという。ただ彼についてはあまり記録が残されていない。しかし国芳がここまで大きな存在になれたのは、この鶴寿のサポートがあってこそだといわれている。

東京都墨田区向島の三囲《みめぐり》神社には、国芳の軌跡を刻んだ石碑が残されている。向島に暮らしたことのある国芳を偲《しの》び、弟子たちによってその13回忌につくられたものだ。そこには国芳の歩んできた人生について刻まれている。その中に「先生与　梅屋鶴寿情交

尤密　恰如兄弟　鶴寿賛成其業四十年　亦如一日　可謂良友矣」という一文がある。国芳と鶴寿は兄弟のように非常に仲のいい友人だったと、わざわざ石碑に刻まれるほど、二人の友情は弟子たちからも特別視されていたのだ。

今でこそ浮世絵師として名を知られている国芳だが、じつは若い時代はまったく芽が出ず苦労していたらしい。幼い頃から絵が好きだった国芳は、13歳頃に名門・歌川豊国《とよくに》に弟子入り。ここから多くの仕事を与えられ、江戸画壇にその名を刻んだ……と言いたいところだが、彼の若い時代の作品数は非常に少ない。

師匠の豊国とそれほど仲が良くなかったのか、豊国の家を離れて兄弟子の国直《くになお》の家に居候《いそうろう》を決め込む始末だ。師匠とあまりうまくいっていなかったせいか、それとも腕が未熟だったせいか、大きな仕事は任せてもらえず冷や飯食い。一方、兄弟子である歌川国《くに》貞《さだ》はすでに売れっ子になっており、若い国芳は辛い時代を過ごしていた。

明治の浮世絵研究書でもある『浮世絵師歌川列伝』によると、ある日国芳が散策していると橋の下から「先生」と呼ぶ声がある。見てみると、そこにいたのは国芳馴染みの芸《げい》妓《こ》。しかし呼ばれているのは国貞だった、という悲しいエピソードが記載されている。しかしここでへそを曲げないのがこの男の偉いところ。彼は「国貞は羨ましいが、自分がもっと実力をつければ名を成すことができるだろう」と、絵の腕を磨き始めたという。

そんな国芳に目をつけたのが、狂歌師の鶴寿だった。『浮世絵師歌川列伝』には「鶴寿は国芳の気性を愛し、常に衣服を与え、庖厨《ほうちゅう》をも助けたり」と書かれている。

惚れるというのは、愛だの恋だのというだけではない。人の才能や腕前に惚れ込むということもある。国芳は自分を「わっち」、相手は「めえ」と呼ぶなど、べたべたのべらんめえ口調。さらに火消し仲間とつるんでは、火事があると聞けば飛び出して火消しを手伝う、カッとなればすぐに喧嘩をする。宵越《よいご》しの金は持たず、服装にもこだわらない。まさに根っからの江戸っ子気性だ。鶴寿はまずその性格に惹かれ、そして性格そっくりな、派手で華のある絵に惚れ込んだのだろう。

国芳は絵の才能を持っていたが、ただ絵がうまいだけでは江戸の浮世絵界で名を広められない。そこで鶴寿は国芳の絵に多くの賛《さん》（添書きする文・言葉など）を寄せるなど、共作することで文化サロンに彼の名を周知させようと画策したようだ。

後年、国芳の絵が幕府に目をつけられる事件が起きた。この頃、派手な絵や幕府を風《ふう》刺《し》する絵はすぐに幕府から指導が入ったのである。国芳自身は無罪放免だったものの、町奉行《まちぶぎょう》の役人によって身辺調査を受けることになった。そのときの報告書には「図を含め、絵の趣向についても国芳一存で決めるのではなく佐吉（鶴寿）と相談して決めているようだ」と書かれている。鶴寿は金銭や服、食べ物などのサポートだけでなく、アイデア出しなど、絵のサポートもしていたことがわかる。

鶴寿というエージェントがいたことは、国芳にとってまさに幸いだった。前述の『浮世絵師歌川列伝』には「國芳が名を成せしは、全く鶴寿が力なり」という言葉も残されているほどである。衣食から仕事まで、鶴寿の手厚いサポートもあり、国芳の作風にも広がりが見られるようになってきた。やがて鶴寿が見抜いた通り、国芳の才能はぐんぐんと伸び、世間にもその名前が知られるようになっていく。

そんな二人に、転機がやってきたのは文政《ぶんせい》10年（１８２７）頃、国芳が30歳になる直前のこと。江戸で『水滸伝《すいこでん》』ブームが湧き上がったのである。『水滸伝』は中国四大奇書の一つ。１０８人の男たちが悪辣《あくらつ》な政府相手に大暴れする物語だ。そんな『水滸伝』をモチーフにした絵の依頼が、国芳のもとに舞い込んできた。それも大判錦絵《おおばんにしきえ》、フルカラーのポスターサイズという、超大型案件だった。

国芳はこのチャンスを逃さなかった。腕をふるい、まずは5人の豪傑を描いた。賊《ぞく》の頭領《とうりょう》と格闘する九紋龍《くもんりゅう》史進《ししん》、鉄の禅杖《ぜんじょう》で巨大な木を叩き割る花和尚《かおしょう》魯智深《ろちしん》など、いずれも物語の見せ場から選び抜いた全身絵で、大判に映える見事な出来栄えだった。この

『通俗水滸伝豪傑百八人之一個《つうぞくすいこでんごうけつひゃくはちにんのひとり》』は江戸市民の間で話題になり大ヒット。次々に出版されることになる。

不遇の時代も腕磨きを忘れなかった国芳は、力強くキャッチーな絵を描く技術を身に着けていた。まるで今にも絵から飛び出してきそうな迫力ある構図、見事なデッサン力、何より生きているようなリアルさが江戸市民の心をつかんだ。国芳はこれを出世作に、浮世絵師として名を高めることになる。また彼は、水滸伝の英雄たちの体に、鮮やかな入れ墨をほどこして描いていた。彼の絵によって江戸に入れ墨の大ブームがおこる。幕府もそれを止めるのに苦労したようだ。それくらい、国芳の絵は江戸市中で爆発的な人気を博した。江戸市民の後押しを受けて彼は「武者絵といえば国芳」と言われるほどの浮世絵師に上り詰め、多くの弟子を迎えることになる。

また国芳を支えるブレーンたる鶴寿も、引き続き彼を支援した。だからこそ、国芳もそんな鶴寿への恩返しを忘れなかった。

それが嘉永《かえい》6年（1853）に行われた書画会だ。これは鶴寿が企画した割烹《かっぽう》での書画会だが、ここに国芳は弟子たちとともに揃いの浴衣を着て現れた。さらに彼が用意したのは、30畳ほどの巨大な紙と、酒樽にたっぷり満たされた墨汁だ。鶴寿が開くくらいなのだから、狂歌師や大店の旦那連など、江戸の文化人が大集合した書画会だっただろう。揃いの浴衣という派手な姿の浮世絵師弟を見た人々は度肝を抜かれたに違いない。

国芳は鶴寿や客たちの前で、その巨大な紙に向かって絵を描き始めた。その題材は彼の出世作ともいえる『水滸伝』、中でも人気の高い九紋龍史進。国芳はただ大人しく筆を握って描いただけではない。巨大な筆を使って史進を描き終わると、手ぬぐいに墨を含ませて入れ墨の隈取りを描き出した。さらに最後には着ていた浴衣を脱いで、その布地を墨に浸す。そしてまるで大きな筆のように浴衣を振り回して史進が踏みつける巌石《がんせき》を描いたというのだから、豪胆なことこの上ない。描き上がった史進を見て、集まった客はどっとき、さすが国芳先生だと盛り上がった。こうして鶴寿の書画会は大成功を収めることになる。これは鶴寿が国芳の名を広めるために開いた書画会だったのかもしれないが、国芳はそのお返しに鶴寿へのお礼をこめた粋なパフォーマンスをしてみせたのである。

多くの絵を描き、江戸末期を生きた国芳だが、やがて中風《ちゅうふう》(脳卒中)によって65歳で没することになる。そのとき、鶴寿は彼を偲んで歌を贈っている。

やき筆の　けむりときえて　筆洗《ひっせん》の　水も手向けと　なれるはかなさ

ちる花に猫預けけり此のゆふべ

そして鶴寿はその4年後、国芳と同じ65歳でこの世を去った。

国芳と違って梅屋鶴寿の情報は後世にほとんど残っていない。しかし鶴寿の姿を描いた絵というものが『狂歌水滸伝《きょうかすいこでん》』という狂歌本に現存している。『狂歌水滸伝』当時の狂歌師108名の似顔絵と紹介文を集めた趣向の本であり、この中に鶴寿が描かれている。その姿といえば、背中、腕、足に見事な入れ墨を背負い、武者絵のような面構えで棒を握りしめている。それはまるで国芳の出世作として知られる、『水滸伝』九紋龍史進の姿とそっくりだった。

国芳と鶴寿、彼らの二人三脚っぷりは、江戸の文人の間にも広く知れ渡っていたのである。

歌川国芳　うたがわくによし

生まれは江戸の紺屋《こうや》（染物屋）。幼くして絵の才を認められ歌川豊国の門下となる。武者絵を得意とし、迫力ある絵を残した。西洋画を取り込む絵など、多彩な画風でも知られる。また、師として大勢の弟子を育て上げた。

梅屋鶴寿　うめのやかくじゅ

尾張家御用の秣《まぐさ》を売る家に生まれたというが、詳細は不明。若い頃から名を知られた狂歌師であり、芝居好きとしても有名。国芳のブレーンとして活躍し、彼の国芳に対する功績は幕府にも知られた。

武市半平太×岡田以蔵

過激組織・土佐勤王党のゆがんだ正義と信頼

青雲《せいうん》の志を抱いた若者が、目標に向かって努力する姿は美しい。しかし、ときにはその過程で道を誤ることもある。そして、わずかずつずれた歩みが、いつしか後戻りできない方向に進んでいることもある。幕末の土佐藩《とさはん》に生まれた武市半平太《たけちはんぺいた》と岡田以蔵《おかだいぞう》の師弟も、激動の時代に翻弄《ほんろう》されて悲劇的な結末を迎えた二人だった。

半平太は文政《ぶんせい》12年（1829）、以蔵は天保《てんぽう》9年（1838）の誕生で、半平太が9歳年上である。半平太が指導する剣術道場に以蔵が入門し、二人は出会った。半平太が27歳頃、以蔵が18歳頃のことという。

土佐藩の武士は、かつて土佐の地を領有していた長宗我部氏ゆかりの家臣を「郷士《ごうし》」、その長宗我部氏が関ヶ原の戦いで徳川氏に敗れ、新たな領主となった山内氏ゆかりの家臣を「上士《じょうし》」とする身分制度で分けられていた。郷士より上士のほうが上の身分であったが、土佐藩の郷士の中には上士と同格扱いの「白札《しろふだ》」という身分があった。半平太はこの白札の家柄だったためそれなりに裕福だった。一方の以蔵は一般的な郷士の家柄だったため貧しい家庭で育ったが、生来の体格のよさと優れた身体能力を生かして身を立てようと一念発起し、半平太に弟子入りしたのである。この頃、江戸湾《えどわん》の浦賀《うらが》沖にアメリカの黒船《くろふね》艦隊が現れたことで急速に盛り上がっていた、外国勢力を武力で打ち払おうという「攘夷《じょうい》」の気運にも後押しされたのだろう。

外国勢力を警戒しているのは土佐藩も同様で、土佐藩主・山内容堂《ようどう》は半平太に江戸での臨時御用《ごよう》を命じた。御用の具体的な内容は詳しくはわかっていないが、これには藩を守るための剣術修行も含まれており、半平太は以蔵を伴って江戸入りしている。江戸では二人そろって高名な剣術家・桃井春蔵《もものいしゅんぞう》が主宰する士学館《しがくかん》に入門し、鏡心明智流《きょうしんめいちりゅう》剣術の腕を磨いた。半平太が以蔵を高く評価し、さらなる飛躍を願っていたことがうかがえる。

土佐藩士の事績をまとめた『維新土佐勤王史《いしんとさきんのうし》』には、半平太が士学館の風紀《ふうき》を回復させた逸話が記されている。半平太が風紀の乱れを春蔵に訴えたところ、春蔵から「半平太に風紀を回復してほしい」と頼まれたため、半平太は門下生《もんかせい》の監督役となって規律を定め、厳しく取り締まって見事にやり遂げたというのである。半平太の正義感と意思の強さが伝わってくる逸話だ。以蔵はそんな半平太の気高さを尊敬し、人柄に憧れた。家が貧しく、学問に触れられずに育った以蔵は、難しいことがわからなくても半平太についていけば間違いないと信じた。それは、泰平《たいへい》の世であれば心温まる師弟関係だったかもしれない。しかし二人は激動の幕末の世で、次第に狂気と盲従という関係に捉われていく。

江戸幕府政権下の日本は、長らく鎖国《さこく》政策で外国との交流を制限してきたが、黒船艦隊の提督《ていとく》・ペリーから開国を求められると天皇の許しを得ずに承諾した。するとこの〝弱腰外交〟に憤《いきどお》った攘夷派は反発を強め、開国を先導した大老《たいろう》・井伊直弼《いいなおすけ》がこれを押さえ込みに出る「安政《あんせい》の大獄《たいごく》」という緊迫した状況になった。このとき容堂は直弼と政敵関係にあったため、幕府から謹慎《きんしん》を命じられて隠居《いんきょ》の身となる。そして強硬策を取り続けた直弼は、桜田門外《さくらだもんがい》の変で攘夷派志士に襲撃されて命を落としたのだった。

時代が目まぐるしく動くなか、半平太は藩の許しを得て以蔵など数名の弟子とともに剣術の武者修行に出た。1年ほどかけて中国地方から九州地方の道場を巡るという旅程だが、これには各地の情勢を視察する目的もあった。以蔵の道中控によると50もの道場を巡ったのち、半平太は岡藩で堀加治衛門《ほりかじえもん》の道場に以蔵を託して先に帰藩する。これは、自費で再び旅に出ることが難しい以蔵への心遣いだった。

こののち、半平太は藩命で再び江戸へ出向き、長州《ちょうしゅう》藩の久坂玄瑞《くさかげんずい》らと意気投合して本格的な尊王《そんのう》攘夷活動へ身を投じる。尊王とは天皇を敬うことを意味し、尊王攘夷には「天皇を戴《いただ》いて外国勢力を打ち払う」という意思が込められている。つまり、及び腰な幕府を退けることもおのずと目的の一つになる。こうして、半平太が盟主となって結成されたのが土佐勤皇党《とさきんのうとう》である。帰藩した半平太のもとには坂本龍馬《さかもとりょうま》などが集まり、200

名近くが土佐勤皇党に加わった。その中にはもちろん、以蔵の姿もあった。

　半平太が土佐勤皇党の盟主としてやり遂げた最初の大仕事が、当時土佐藩の実権を握っていた重臣・吉田東洋《よしだとうよう》の暗殺である。東洋は幕府を支持していたため、確実に消す必要があったのだ。半平太は数名の勤皇党員に命じて東洋を殺害させ、首を晒《さら》した。半平太が事前に根回ししておいた反東洋派の重臣たちはこの功績を絶賛し、半平太は藩政の中心に乗り込むことに成功する。こうして半平太は邪魔者を消して、思いどおりの結果を手にする味を知ってしまったのだった。

　以蔵は東洋暗殺には関わっていなかった。しかし、丹念に育てた剣の腕前を半平太が見逃すはずもない。容堂の後継者となった豊範《とよのり》が参勤交代《さんきんこうたい》のため上洛《じょうらく》すると、半平太も以蔵を伴ってこれに同行し、京の地でついに〝人斬《ひとき》り以蔵〟が誕生する。半平太は尊王攘夷に仇《あだ》なす不届き者への〝天誅《てんちゅう》〟として、以蔵はその半平太の〝正義〟の代行者として、暗殺を繰り返したのだ。以蔵の手による可能性が濃厚な件だけでも、東洋暗殺の真犯人を捜査していた土佐藩監察《かんさつ》・井上佐一郎《いのうえさいちろう》、幕府のスパイと目されていた本間精一郎《ほんませいいちろう》、安政の大獄の際に尊王攘夷派志士を多数摘発した目明《めあかし》・猿《ましら》の文吉《ぶんきち》などが挙げられ、以蔵が関わっているはずのない暗殺事件さえも以蔵の仕業と噂されたほどだった。以蔵は明らかにテロリストと化していたが、半平太の志は正しいと信じているため自分の行動に疑念を抱かず、むしろ半平太の役に立てることを喜びと感じていた。

そんな以蔵を気にかけたのが龍馬だった。龍馬は幕臣・勝海舟《かつかいしゅう》のグローバルな視点に感動して弟子入りし、土佐勤皇党を離れて江戸にいた。そこへ、幕府に攘夷決行を促す勅使《ちょくし》の護衛に選ばれた豊範とともに、半平太と以蔵がやってきた。龍馬は以蔵を海舟の護衛に望み、半平太はそれを了承した。こうして以蔵は半平太のもとを離れ、海舟と行動をともにするようになる。

尊王攘夷から距離を置いた龍馬には、半平太と以蔵の危うさが見て取れた。そこで二人をあえて引き離しのだたが、それではなぜ、半平太はあっさりと以蔵を海舟に渡したのか。理由は定かではないが、半平太はあまりにも純粋な以蔵が、この先なにをしでかすかわからないという不安を抱いていた節がある。一途な以蔵に対して、半平太の心は離れつつあった。

海舟の随想録《ずいそうろく》『氷川清話《ひかわせいわ》』によると、以蔵は海舟を襲った刺客《しかく》を返り討ちして斬殺したことがあった。これに対して海舟が「みだりに人を殺してはいけない」と諭《さと》すと、以蔵は平然として「自分が斬らなかったら海舟先生が斬られていました」と返してきたので、海舟はそれ以上なにも言えなかったという。多くの志士に影響を与えた海舟でも、以蔵の心は変えられなかった。

半平太と以蔵は離れたままで行動していたが、その間にも時代は動き続けた。土佐藩では、謹慎を解かれた容堂が隠居のまま藩政の実権を取り戻し、土佐勤皇党の弾圧を始めた。幕府と対立した容堂だが、かつて徳川氏に取り立てられた恩義があるため、幕府を否定する土佐勤皇党には不快感を抱いていたのである。そして、尊王攘夷派の中心である長州藩が元治元年（1864）8月18日の政変に敗れて京都を追放されると、尊王攘夷派は一気に勢力を失い、土佐勤皇党の命運も風前《ふうぜん》の灯《ともしび》となり、ついに逮捕命令が出された。

それでも半平太は釈明してみせると意気込んで、悠然と捕縛を受け入れた。同じ頃、以蔵は目を覚ますよう説得してくる海舟に嫌気が差したらしく、脱走してその日暮らしの無宿人に身を落としていた。流れ着いた京都で盗みを働き、京都追放のうえで土佐藩に強制送還された。ここでついに以蔵も捕縛される。

郷士の以蔵には、凄惨な拷問《ごうもん》が加えられた。一般的に、このとき半平太は以蔵の自白を恐れて毒を盛るが失敗し、半平太の裏切りを知った以蔵は自白を始めたといわれる。しかしこの展開は後世の脚色であり、実際には他の勤皇党員が以蔵に毒を盛ろうとして、半平太は反対したという。また、以蔵の自白も拷問による誘導尋問の可能性が高い。以蔵の学のなさが、ここにきて弱みになってしまったのだった。
二人は同じ日に世を去った。半平太は切腹《せっぷく》し、武士として死んだ。以蔵は斬首《ざんしゅ》され、犯罪者として死んだ。いつしかすれ違い出会った頃のまばゆい志からは遠く離れた結末となったが、二人の絆は傷だらけになりながらもその最期までつながっていたのである。

武市半平太　たけちはんぺいた

土佐藩の白札郷士・武市氏の生まれ。文武両道で特に剣術に優れ、小野派一刀流《おのはいっとうりゅう》と鏡心明智流を修めた。自らも剣術道場を主宰し、以蔵らの弟子を育てた。尊王攘夷に目覚めて土佐勤皇党を結成し、吉田東洋を暗殺して藩政の中心を担う。しかしその後藩政の実権を握った山内容堂に疎まれ、捕縛されて切腹を命じられた。享年37。

岡田以蔵　おかだいぞう

土佐藩の郷士の家に生まれ、貧しさに耐える幼少期を送る。生まれつき体格に恵まれており、半平太の剣術道場に入門して頭角を表した。半平太に心酔し、土佐勤皇党に加わって敵対者を次々暗殺。〝人斬り以蔵〟と恐れられた。土佐勤皇党解体により捕縛され、拷問で自白を強要されたすえに斬首された。享年28。

近藤勇 × 土方歳三

幕末最強コンビが生まれるまで

幕府の直轄地《ちょっかつち》だった武蔵国多摩《たま》で、百姓家の三男に生まれた近藤勇《こんどういさみ》。幼名を宮川勝五郎《みやがわかつごろう》といい、軍書好きの父から聞かされた楠木正成《くすのきまさしげ》や加藤清正《かとうきよまさ》に憧れる、村一番のガキ大将だったという。15歳のとき、幼年よりたびたび自宅の道場に招いていた、近藤周助《しゅうすけ》の開く天然理心流《てんねんりしん》剣術道場・試衛館《しえいかん》に入門。1年後には跡を継ぐため周助の養子となった。

同じく多摩の百姓家に末っ子として生まれた土方歳三《ひじかたとしぞう》は、14歳から9年間奉公《ほうこう》に出ていたため、剣術に触れたのは23歳以降とされる。当時の多摩では、治安の悪化から村々で自警団が組織され、多くの農民が武術の稽古に励んでいた。奉公から戻った歳三も生家に伝わる薬の行商をしながら剣道具を担いで剣の修行をしたという。歳三が25歳のとき、門を叩いたのが天然理心流道場だった。

歳三は、先に天然理心流門人となっていた義兄・佐藤彦五郎《さとうひこごろう》宅にある日野宿《ひのじゅく》道場で稽古したとされ、出稽古のため出入りしていた勇と出会った。初対面の時期は定かではないが、年頃の近い二人は意気投合。彦五郎を交えた3人で義兄弟の契りを交わしあった。勇が歳三に送った書簡に、歳三宅を訪問したことへのお礼と、日野宿での稽古納めを伝えるものが残っている。結びに「門人たちへも土方様からお伝えくださるようお願いいたします」とあり、歳三が勇から信頼されている様子がうかがえる。

28歳になった勇は道場を継いだ。勇のもとには親友歳三のほか、弟分の沖田総司《おきたそうじ》、まとめ役の井上源三郎《いのうえげんざぶろう》をはじめとした門人以外にも、他流派の同志が集い切磋琢磨《せっさたくま》の日々を送っていた。勇に敗れ弟子入りを志願した山南敬助《やまなみけいすけ》、勇と知り合い試衛館の居候となった永倉新八《ながくらしんぱち》、斎藤一《さいとうはじめ》、原田左之助《はらださのすけ》、藤堂平助《とうどうへいすけ》——。みな勇の人柄に惹かれたのだという。永倉は回顧談をまとめた『新撰組顛末記《しんせんぐみてんまつき》』の中で「近藤からほとばしる、悪を挫《くじ》き弱きを助けて正義を重んじる心が、自身と合致した」と語っている。

勇30歳、歳三29歳の頃、京で浪士組《ろうしぐみ》の募集があった。14代江戸幕府将軍・徳川家茂《いえもち》を警護するための浪士を、身分を問わずに募るというのだ。武士を夢見て田舎で研鑽《けんさん》に励んできた勇や歳三たちにとってはまたとないチャンスだ。かくして勇たちは、思惑の渦巻く幕末の政界へ足を踏み入れることとなる。

当時の日本は政争の真っただ中。開国をきっかけに外国勢力を日本から排除する「攘《じょう》夷《い》」思想が高まりを見せていた。幕府が急速に権威を失う一方、天皇を中心とした国政を目指す「尊王《そんのう》」思想が広がり、天皇の住まう京では、尊王思想の中心地として天皇と幕府をどう位置づけるかが争われた。幕府官僚たち「佐幕《さばく》派（幕府の権威の回復を目指す）派」、長州《ちょうしゅう》（山口県）を中心とする諸藩士による「改革派（幕府を倒し天皇に政権を返上しようとする急進派）」、一橋慶喜《ひとつばしよしのぶ》（のちの徳川慶喜）・会津《あいづ》（福島県）藩主・桑名《くわな》（三重県）藩主からなる一会桑勢力《いちかいそう》が中核の「公武合体派《こうぶがったい》（幕府を天皇の下の国政機関と位置づけ京に新体制をつくろうとする派閥）」の3つの勢力が睨《にら》み合いを続けていたのである。

そんな政争の中心地へ意気揚々と上京した勇たちを待っていたのは、改革派の清川八郎《きよかわはちろう》だった。ところが清川の真の狙いは、朝廷のために攘夷を実行する浪士を集めることにあった。騙し討ちのようなやり方に憤慨した勇は、「我らは将軍様のために上洛したのだ。朝廷に背くつもりはないが、将軍様を裏切るわけにはいかぬ！」（『新撰組顛末記』より）と啖呵《たんか》を切って離反する。このの5勇たちは、幕府からの信頼も厚く、孝明《こうめい》天皇より京の治安維持を任されていた会津藩主・松平容保《まつだいらかたもり》のもと「壬生《みぶ》浪士組」を結成。市中を見まわり不貞浪士を取り締まった。

会津が京を席巻していた長州勢力を追い落とすと、壬生浪士組は孝明天皇から名を下され、勇を局長に据えた新体制となった。「新選組」の誕生である。歳三は勇の右腕として副長となり、厳しい規律をもって新選組を統率。「鬼の副長」と揶揄《やゆ》されたという。

新選組は、多数の改革派浪士を捕らえた池田屋《いけだや》事件で名を上げると、御所《ごしょ》を戦場とした禁門《きんもん》の変でも活躍。幕府と長州との会談にも同行した。池田屋事件により長州から恨まれていた勇は、故郷多摩に残る佐藤彦五郎宛に遺書ともいえる書簡を送り、「万一のことに備え、私の願いは歳三氏に念入りに申しておきました」「天然理心流5代目は沖田へ相譲りたいと思います」としたためている。

慶応2年（1866）のこの年、公武合体派の後ろ盾となっていた孝明天皇が崩御し、京を政治的・軍事的に掌握していた一会桑勢力の立場が怪しくなった。さらに2度の長州征討に失敗した幕府は権威を完全に失墜。世論は大きく「倒幕」へ傾いた。翌年15代江戸幕府将軍となった徳川慶喜は、倒幕派との武力衝突を避けるため大政奉還《たいせいほうかん》を行ったが、王政復古《おうせいふっこ》のクーデターで倒幕派による新政府がつくられると、幕府は廃止され慶喜は政権から排されたのだった。この少し前、新選組は慶喜によって幕臣に取り立てられている。勇たちの悲願だったはずのこの取り立てが今や、彼らを賊軍《ぞくぐん》とする烙印《らくいん》となってしまったのである。

こうしてはじまった旧幕府軍と新政府軍の武力衝突は戊辰《ぼしん》戦争と言い、京都の鳥羽伏《とばふし》見《み》での戦いを皮切りに北上しながら展開されていった。新選組も旧幕府軍として参戦したが、西洋式の新兵器を駆使する新政府軍の前に敗走。故郷多摩から再起を図ることとなった。多摩で佐藤彦五郎ら同胞からの援助を取りつけた勇たちだったが、悪天候による足止めを喰《く》らい、新政府軍に遅れて甲府《こうふ》（山梨県）へ進軍。しかしあっけなく敗れて江戸へと戻る。

江戸城が新政府軍の手に落ち、下総国《しもうさ》（千葉県）流山《ながれやま》に転陣した勇たちは、新政府軍に包囲されてしまう。新選組隊士だった近藤芳助《よしすけ》は『新撰組往時実戦譚書《しんせんぐみおうじじっせんだんしょ》』の中で、このときのことを次のように回顧している。

「すでに切腹を決心した近藤は、しばしの猶予《ゆうよ》を求めて3～4人の会合を設けました。土方は『この地で切腹《せっぷく》することは犬死である。ここは運を天に任せて板橋総督府《いたばしそうとくふ》へ出頭し、相手を説得することこそ得策である』と言いました」

苦楽を共にしてきた友の、死を覚悟した顔は歳三の目にどう映っただろう。

再三の説得により投降を承知した勇は、偽名を使い正体を隠したまま新政府軍に連行され、歳三は助命嘆願に奔走。しかし、勇の正体はあっけなく暴かれてしまう。移送先に勇たちと敵対して別れた元新選組隊士・加納鷲雄《かのうわしお》がいたからだ。加納は「この時の近藤の顔色はいまだ鮮明に目に浮かぶほどに、はなはだ恐怖の姿でありました」と、『史談《しだん》会速記録《かいそっきろく》』で語っている。

歳三が決死の思いで用立てた嘆願書は間に合わず、勇は賊軍新選組の大将として斬《ざん》首《しゅ》。その首は京の三条河原《さんじょうがわら》にさらされた。しかし、新選組隊士の所持品とされる日記『説《せっ》夢録《むろく》』には、処刑を伝える瓦版《かわらばん》に描かれた情けない表情から、凛々しい顔つきへ改められた、勇の似顔絵が残されている。盟友たちと築いた新選組を守るため命を賭したその姿は、誠の武士として語り継がれたのだ。残された歳三が勇の処刑を知ったのは、助命嘆願後、新政府軍と交戦した宇都宮で左足に被弾し、戦線を離れていたときだった。歳三の後悔は計り知れない。失意の中、歳三は会津東山に勇を偲ぶ墓碑を建てた。正面に刻まれた勇の法名は、松平容保から歳三が拝領したものとされ、完成までの数日間、歳三は毎日のように工事の様子を見に来ていたという。

戦線復帰した歳三は、少数の新選組隊士とともに五稜郭《ごりょうかく》に入城。箱館《はこだて》新政府を樹立した旧幕府軍と合流し、幹部の一員となった。新政府軍が五稜郭への総攻撃を開始すると、歳三は孤立した新選組のもとへと向かう。そのとき、箱館港で味方の艦隊が敵艦を撃破。轟音が鳴り響く中、「この機を逃してはならない！」「退くものは切る！」と叫びながら馬上で指揮する歳三を、新政府軍の銃弾が貫く。

勇の死が歳三の肩から新選組副長という重荷を下ろさせたのだ。勇が処刑されて以降の歳三は、兵士たちに勝利の祝酒を差し入れたり、童心に戻ったように新選組に奇襲を提案したりと、冷酷な鬼の副長とは違うの顔を見せることがあったという。歳三にとって勇は、師であり、兄であり、友であり、そして新選組そのものであった。歳三は死闘を潜り抜け、友の残した新選組を守り抜くことで、勇の死に向き合おうとしていたのかもしれない。

近藤勇　こんどういさみ

武蔵国で天然理心流剣術道場の4代目を継いでいたが、歳三ら同志とともに上京。新選組を結成し、局長となった。池田屋事件をきっかけに名を高めた新選組だが、鳥羽伏見の戦いで朝敵となり敗走。再起を図るため故郷から出陣する。しかし甲府で敗北後、流山で包囲されて投降。賊軍の大将として斬首された。

土方歳三　ひじかたとしぞう

武蔵国からともに上京した勇を支え、新選組副局長として組織のマネジメントにあたった。近藤が流山で投降すると助命のために奔走。瓦解していく大将亡き新選組を率いて北上しながら戦い続けた。箱館五稜郭で旧幕府軍とともに新政府軍を迎え撃ったが、銃弾に散った。

渋沢栄一×渋沢喜作

従兄だけは損切りできない日本資本主義の父

明治維新を成し遂げた日本では、政府主導のもと近代産業を育てるために殖産興業《しょくさんこうぎょう》が推し進められた。この日本の資本主義黎明期にあたって、銀行、鉄道、製紙、ガスなど500以上もの企業を立ち上げ、「日本資本主義の父」と呼ばれたのが渋沢栄一《しぶさわえいいち》だ。栄一は自分だけが儲けることを良しとせず、「右手にソロバン、左手に論語」を経営理念として公益に尽くした。

偉人と呼ばれるのにふさわしい栄一には、運命をともにした「一身分体」の存在がいた。2歳年長の従兄《いとこ》・渋沢喜作《きさく》である。激動の幕末を経て二人は実業家として明治に生きたが、たどった道筋はまるで逆だった。

幼い頃から何をするにも一緒だった二人は、武蔵国榛沢郡《はんざわ》血洗島村《ちあらいじま》（埼玉県深谷市）の豪農の家に生まれた。同地には渋沢を氏とする家が十数軒存在しており、栄一の生家は渋沢家の宗家ともいわれる「中の家」。一方、喜作は分家である「新屋敷」と呼ばれる家に唯一の男子として生まれた。栄一の生家では10人以上の子どもが生まれたが、長生きしたのは栄一と姉、妹の3人だけ。そのため、それぞれの家の唯一の男子として二人は兄弟のように一緒に育った。二人の従兄にあたる尾高惇忠《おだかあつただ》のもとに通って漢学を習い、ともに剣術の稽古に汗を流し、そして村の青年たちの相談事に二人で取り組んだのだ。

師・惇忠の影響で尊王攘夷思想《そんのうじょうい》に傾倒していった二人は、天下国家の行く末を論じ合ううちに攘夷を実行しようと目論んだ。高崎城《たかさきじょう》を乗っ取り、横浜の外国人居留地で外国人を片っ端から斬り殺すという何とも無謀な計画だった。だが、この計画は惇忠の弟の説得により中止。しかし、情報がもれて幕府に捕縛される危険があったため、二人は「伊勢参拝のついでに京都見物に行ってくる」と言って京都へ逃れたのだった。

上洛した二人は面識のあった一橋家の用人・平岡円四郎《ひらおかえんしろう》を訪ねた。捕縛を免れるため一時的に一橋家の家来扱いとしてもらうためだったが、「幕府の捕縛命令が出ているからお前たちが本当に一橋家の家来にならないかぎり、身柄を引き渡さねばならない」と言い渡されてしまう。二人は一晩話し合った結果、一橋家の世話になることを決意した。

この京都での一橋家仕官時代が栄一と喜作がもっとも親しく付き合った時期であり、二人の青春時代だった。栄一は、この頃の共同生活のことを懐かしく回想している。

「雇人などいないから、朝夕の食事も汁の実や沢庵《たくあん》を自分で買い出しにいった。飯の炊き方もそのときに覚えたが、はじめは粥《かゆ》のようなものができたかと思うと、次は硬い飯ができる。二人でいつも苦情を言い合っていた」

「京都では夜具がなくて蒲団《ふとん》ばかりだから、二人でめいめいに借りるのは費用が増すといって、蒲団を3枚借りてその中に二人が背中合わせになって寝るような始末だった」

男所帯の台所ではネズミが暴れまわったようで、ネズミ退治に奔走しては「せっかく捕まえたんだから捨てるのはもったいない」とツケ焼きにして食べるという貧乏っぷり。その一方で、二人は「故郷から金を取り寄せることは死んでもしない」と誓い合い、倹約に倹約を重ね、京都滞在中にできた借金を完済している。

またあるときは、二人が住んでいる役宅《やくたく》に新選組が7、8人押し寄せてきたこともあった。前もって察していた二人は防御の手はずを整え、もし彼らが刀を抜いたらこちらも容赦なく斬ってやろうと待ち構えていた。ところが話し合いで事が収まり、新選組もおとなしく引き上げていった。どうやら、ある女性をめぐって栄一と新選組隊士が争ったことが原因だという。

文字通り寝食をともにし、互いの命を預け合った二人だったが、幕末の激流は二人の運命を大きく変えていく。14代将軍・徳川家茂の死去にともない、慶応《けいおう》2年（1866）、主君の一橋（徳川）慶喜が15代将軍に就任。栄一と喜作は幕府転覆を目指す志士から一転、幕臣となってしまったのである。この状況に悩んだ栄一は「いっそ潔く切腹しようか」と思いつめるが、パリ万博に派遣される慶喜の弟・昭武《あきたけ》の随員《ずいいん》となり、突如パリへ行くよう命令が下った。ただ、パリへ行くのは栄一のみで、生死をともにと誓った喜作は日本に残されることになった。あわただしく渡仏の身支度を整えた栄一は、喜作に告げる——「自分はこの命を受けたから幸運だが、きみの身の上が心配だ。運を天に任せるしかないが、徳川幕府はもう長くないから亡国の臣となることは覚悟しなければならない。離れ離れにはなるが、互いに有志の男子として恥ずかしくない行動をしよう」。こうして栄一は、自分のみ幸運を授かったかのような罪悪感を抱えながら渡仏したのだった。

日本に残された喜作は新参の幕臣としては異例の出世をとげ、慶喜に重用されるようになった。しかし時局は大政奉還《たいせいほうかん》を迎え、鳥羽《とば》・伏見《ふしみ》の戦いで戦況不利と見た慶喜は江戸へ引き上げてしまう。「命を惜しんで逃げ帰ったか」——慶喜の行動にショックを受けた喜作は、新政府軍に徹底抗戦。彰義隊《しょうぎたい》、振武軍《しんぶぐん》と渡り歩き、箱館《はこだて》の五稜郭《ごりょうかく》に立てこもったが、ついに降伏。このときの喜作の行動について、栄一は「喜作の性分である投機的気分も大いに手伝ったのではないか」と分析している。「私は一歩一歩着実に進んでいこうとするたちだったが、喜作は一足飛びに志を果たそうという短気なところがあった」と、幼い頃から一緒に育った二人の性格の違いを述べる。

明治4年（1871）、入牢していた喜作はようやく釈放され、パリから帰国していた栄一と再会。栄一は身元引受人となって出頭し、喜作を自宅へと連れ帰った。喜作に再会した栄一の喜びようは尋常ではなく、大いに喜作をもてなしたという。このとき、栄一はその能力を高く買われ、すでに新政府に出仕していた。もはやこの世で会うことはないと覚悟を決めていたことに加え、身の成り行きに天と地ほどの差ができたことへの罪悪感が栄一にはあったのだろう。

栄一は大蔵省《おおくらしょう》の上司である井上馨《かおる》に話をつけ、喜作を大蔵省で雇ってもらうことにした。ところが、幕府の奥祐筆《おくゆうひつ》となり彰義隊の隊長も務めた喜作にとっては、一番下っ端の役職からのスタートはおもしろくない。不満を見て取った栄一は、喜作の願いをかなえる形で喜作を海外視察へ派遣することに。自分にとって衝撃的だった海外体験を、喜作にも味わわせてあげたいという気持ちもあったのかもしれない。

ところが海外視察から帰国した喜作を迎えたのは、すでに栄一の抜けた後の大蔵省だった。栄一は上司とともに辞任しており、すでに大蔵省には喜作の後ろ盾となってくれる人間はいなかった。それではと大蔵省を辞めた喜作は、栄一の推薦で豪商・小野組の参謀役として入社。しかしその翌年、金融政策の急変により小野組は倒産に追い込まれるという不運ぶり。独立して商売を始めるしか道はなくなったのだった。

そこで栄一は予備知識のある養蚕《ようさん》と米を扱う商売をするよう助言。生糸《きいと》は日本の輸出品目であり、米は日本人の必需品。この二つなら大きくは失敗しないだろうという目算だ。こうして明治8年（1875）、喜作は渋沢商店を開いて商売を始めることになった。商売は順調に発展し、一時は長者番付にも名を連ねるまでになった。「投機的」な男・喜作はここがチャンスとばかりに大掛かりな投機（米相場）にも積極的に手を染めていく。ところが米相場が暴落したことにより大損失を計上。十数万円（現在の価値に換算して約10億円）もの借金を抱えることになった。借金の保証人になっていた栄一は頭を抱えたことだろう。栄一はその損失を引き受ける代わりに、「今後は絶対に米相場に手を出さずに現物の委託販売のみとすること。原則として生糸のみを扱うこと」を喜作に誓わせたのだった。

しかしギャンブル熱はそうそう収まるものではない。しばらくはおとなしくしていた喜作だが、明治18年（1885）頃から今度はドル相場に手を出す始末。喜作の投機的性格を把握していたはずだが、このときの損失は第一国立銀行の頭取《とうどり》を務める栄一ですら背筋を凍らせるほどの金額だった。その額合計70万円、現在の価値に換算して約35億円。このとき、栄一は保証人ではなかったから見捨ててもよかった。しかし、幼少時から生死をともにしてきた仲の喜作である。むざむざ喜作の商売まで潰してしまうのは惜しいということで、「長男の作太郎に家業を譲って喜作は隠居すること。喜作は今後一切、家業に口出しせず手も出さないこと」を条件に整理を引き受けたのだった。幸いなことに喜作の息子は商才があったようで、債務の返済プランを完遂している。

しかし、二度あることは三度ある。隠居してからも投機癖が抜けない喜作は、それ以降も栄一に迷惑をかけた。そのたびに栄一は喜作の尻拭いをし、何度もチャンスを与えた。それでもやっぱり喜作は失敗を繰り返してしまう。喜作はこれまた栄一の紹介で東京商品取引所の理事となり、名誉職を得て隠居生活を楽しみながら74歳で死去した。このときには東京中の米屋が弔意《ちょうい》を表して半旗を掲げたという。頼みごとを断れない兄貴肌な人柄の喜作は、それなりに人望は厚かったようだ。

一攫千金の勝負事を好む喜作に対し、「はた迷惑な男だ」と言いながらも栄一は手を差し伸べ続けた。兄貴分である喜作は困った存在であるとともに、見捨てることなどできない存在だった。商才に長けているはずの栄一が損切りできない男だったのだ。青春時代をともに駆け抜け、自分とは異なる道を歩んだもう一人の「渋沢」――それは栄一が喜作への弔辞で読み上げた、「故人と余とは一身分体の間柄だった」という言葉によく表れているのである。

渋沢栄一　しぶさわえいいち

一時幕府に仕え、渡仏して欧州の産業、制度を見聞。明治新政府に出仕したが退官して実業界に入る。第一国立銀行の頭取となったほか、王子製紙など数多くの近代的企業の創立と発展に尽くし、明治・大正期の指導的大実業家となった。「道徳経済合一説」を唱え、引退後も社会公共事業や国際親善に力を注いだ。享年91歳。

渋沢喜作　しぶさわきさく

栄一の従兄。栄一とともに一橋家に仕え、幕臣となる。明治元年（1868）に彰義隊を組織したが、脱隊して振武軍をつくり新政府軍に抗戦。その後箱館の五稜郭にこもるが、降伏し入牢。赦免後は栄一のはからいで大蔵省勤務。実業家の道を歩むが相場で大損失を招き、栄一がその後始末をした。その責を負って隠居して長男に店を譲った。

夏目漱石 × 正岡子規

病床で友の手紙を待つ
文豪たちの友情

「吾輩《わがはい》は猫である。名前はまだ無い」――夏目漱石《なつめそうせき》が明治の文壇に登場した処女作『吾輩は猫である』。江戸落語の笑いの文体を取り入れながら、猫の眼を通して人間社会への痛烈な批判が展開されるこの作品は当時大人気となり、今もなお読み継がれる大ベストセラーだ。ユーモアと皮肉に満ちたこの作品を漱石が執筆するきっかけとなったのは、親友・正岡子規《まさおかしき》の死だった。

慶応《けいおう》3年（1867）に生まれた漱石と子規は同い年である。二人が出会ったのは明治17年（1884）に入学した大学予備門（のちの第一高等中学校）でのことだった。当初は親しく交わることはなかったが、明治22年（1889）頃から交友が始まった。のちに共通の趣味である寄席《よせ》通いを通じて意気投合したのだ。

伊予《いよ》国（愛媛県）松山に生まれた子規は、「弱味噌の泣味噌」と呼ばれるほど泣き虫な子どもだった。しかし、創作活動に関しては誰にも引けを取らなかった。小学生の頃から雑誌をつくっては仲間たちに回覧していたという。子規は好き嫌いが激しく、めったに人と付き合うことはなかった。ところが漱石だけは違った。寄席という共通の趣味に加えて、漱石はしっかりとした古典的教養を身に付けていたからだ。新しい文学が切り拓かれていった明治時代、稀代《きだい》の文学的才能を持つ二人の交流は始まった。

子規は、交流が始まった5月に突然喀血《かっけつ》し、結核《けっかく》と診断される。喀血した翌日、約50句もの俳句をつくり初めて「子規」と号した。「子規」とは時鳥（ホトトギス）のことで、当時、血を吐くように鳴く時鳥は肺結核の代名詞のように使われていた。血を吐く姿を自ら時鳥になぞらえた子規は、このとき「今より10年の命」と覚悟したという。

子規を見舞った漱石は、その日のうちに手紙を書いた。病床の子規を気遣いながらも、「帰ろふと泣かずに笑へ時鳥」「聞かふとて誰も待たぬに時鳥」の2句を書き添えた。そして、兄である夏目直矩《なおただ》が同じ日に吐血したことを打ち明け、「こうも時鳥が多くては閉口するしかないよ、あはは」と笑いに変えて子規を励まそうとした。しかし、結核が致死的な病であることを漱石は誰よりも理解していた。なぜなら2年前に長兄と次兄を相次いで結核で亡くしていたからだ。

漱石の生い立ちは複雑だ。裕福な名主の末子として生まれた漱石は、生まれてすぐ里子に出された。翌年には塩原家へ養子に出され、養父母を実の親と思って成長。しかし、養父母の離婚のため実家へ戻された。しばらくは塩原姓のままだったが、夏目家の長兄・次兄が相次いで死去したことで家督《かとく》相続に危機感を抱いた父親は、漱石を塩原家から夏目家へ復籍させた。誰が本当の親かわからない、まるで捨て猫のような不安定な境遇が漱石の性格形成に大きな影響をもたらしたという。

子規の病をきっかけとして、俳句という表現形式を通じて絆を深めた二人の交流は、より一層親密さを増していった。互いの才能を認め合う二人は創作した文章を鋭く批判し合うだけでなく、心の奥深いところまで踏み込んだやり取りを行うようになる。漱石は自分の厭世《えんせい》的な気持ちや自殺願望を正直に子規に打ち明けている。子規は自分が受け取った手紙のお返しとばかりに、徹底して笑いのめすことによって必死に漱石を元気づけようとした。二人は身近にしのびよる「死」だけでなく、笑いによって相手を救う表現方法をも共有していたのだ。

子規は上京当初は政治家志望だったが、哲学志望へ変わり、更に漱石と交流したことで哲学青年からすっかり文学青年になっていた。明治25年(1892)、日本新聞社に入社し、新聞『日本』の俳句欄を担当することになった。漱石は大学を卒業するように勧めたが、学業に熱心ではなかった子規は翌年に退学。一方、成績優秀な漱石は帝国大学の英文科を卒業し大学院へ進むが、同年に東京高等師範学校の教師となる。「新聞屋」となった子規と、教師となった漱石。二人の進む道は分かれていった。

子規は病気の身でありながらも、俳句の革新運動にまい進した。明治28年(1895)には日清戦争の従軍記者として中国に渡るが、帰国の途中で大喀血。一時危篤《きとく》となり、病状は悪化する一方だった。同じ頃、漱石は愛媛県立松山中学校に英語教師として赴任《ふにん》していた。子規の故郷である松山で、二人の気の置けない交流は再開された。

漱石が住む下宿先に、療養のため帰省していた子規が転がり込んできた。子規はそのまま居候《いそうろう》を決め込み、下宿の1階は子規が、2階は漱石が使用することになった。こうして子規が再上京するまでの50余日間、二人の共同生活が始まった。子規のもとには句会の会員が来訪し、漱石も「愚陀仏《ぐだぶつ》」と号して俳句仲間に加わり、下宿を「愚陀仏庵」と称するようになった。二人で一緒に道後《どうご》温泉へ吟行《ぎんこう》の旅にも出かけ、道中、子規は熱心に写生俳句の手ほどきをした。一方下宿先では、子規は家主の漱石に相談なく、鰻《うなぎ》のかば焼きをはじめごちそうを注文して、あげくは漱石に「君払ってくれたまえ」という始末。漱石は子規の思い出を語った際、「正岡の食い意地のはった話か。ははは。そうだなあ……」と笑いとともに在りし日の子規の姿を語っている。松山はのちに漱石が執筆した小説『坊っちゃん』の舞台になった。

松山での共同生活後、子規は外出の際には人力車に頼るしかなくなるほど病状が悪化。しかし、俳句雑誌『ホトトギス』で指導的立場になるなど、残された時間を惜しむかのように文学上の仕事は充実していった。やがて、脊椎《せきつい》カリエスのため起き上がることも困難となり、それでも病床から俳句の革新運動を進める。一方で漱石は自身の教師としての適性に疑いを抱き、「教師を辞めてただ文学的な生活を送りたい」と子規に手紙で打ち明けるようになっていた。自分の進む道に葛藤する漱石だったが、文部省から英語研究のため2年間のイギリス留学を命じられる。明治33年（1900）、漱石は渡欧する前に子規のもとを訪れた。病室兼書斎、そして句会歌会の場ともなっていた東京・根岸の子規庵で面会し、子規からは「漱石を送る」として短冊が贈られた。そして面と向かって二人が会ったのは、これが最後となった。

漱石はこのとき、「生きて再び面会することは叶わないだろう」と覚悟したという。死期が間近に迫る子規を慰めるため、漱石は留学先のロンドンから海外生活の様子をユーモアを交えて書簡で事細かに伝えた。子規はこの手紙を大いに喜び、「倫敦消息《ろんどんしょうそく》」と題して『ホトトギス』に掲載した。しかし、初めての西欧体験は漱石に大きな衝撃を与え、精神的に不安定になり「漱石は発狂した」という噂が文部省に伝わるまでになった。漱石からの手紙が途絶えた子規は、「僕はもうだめになってしまった」で始まる手紙を漱石に送った。「いつか寄こしてくれた君の手紙は非常におもしろかった。最近僕を喜ばせたものでは随一だ。……もし書けるなら僕の目があいているうちに今一度、手紙を寄こしてくれないか（無理な注文だが）」——これが子規から漱石に宛てて送られた最後の手紙となったのだ。

翌年の明治35年（1902）9月、子規は34歳でこの世を去った。自身にとって一番の親友であり俳句の師でもあった子規の死を、漱石はロンドンで知った。子規が楽しみにしていた「倫敦消息」の続きを書き送ることができなかった事実は、漱石に深い後悔をもたらした。「子規は私の通信を待ち暮らしながら、その甲斐もなく息を引き取ったのだ」「とうとう彼を殺してしまった」――漱石は『吾輩は猫である』の自序で、まるで血を吐くかのように自責の念を吐露している。

帰国後、漱石は子規との果たせなかった約束を果たすかのように、ロンドンでの自転車稽古の顚末《てんまつ》を記した「自転車日記」を『ホトトギス』に執筆した。子規の死後に『ホトトギス』を引き継いだ高浜虚子《たかはまきょし》からは、さらに「雑誌に何か書いてほしい」と依頼を受けた。こうして漱石が初めて書いた小説が『吾輩は猫である』だった。明治38年（1905）に発表された『吾輩は猫である』は当初、一作読み切りのつもりだったが、読者の反響を呼び『ホトトギス』は増刷。連載は翌年まで続いた。『ホトトギス』を盛り立てた漱石は、亡き子規とともに文学上の理想を実現したのだった。

その後、『坊っちゃん』『草枕』と名作を次々と生み出していった漱石は、明治40年（1907）に教職を辞し、40歳にして専業作家としてスタートした。心理的手法を用いて近代人の孤独やエゴイズムを追求した作品群は、時代を超えて読み継がれている。

漱石は処女作『吾輩は猫である』で、猫にこうぼやかせている——「呑気と見える人々も、心の底を叩いてみると、どこか悲しい音がする」。それは子規を失った漱石の本当の心のうちかもしれず、悲しみを笑いに変えて生きていこうとした、二人の在り方だったのかもしれない。

夏目漱石　なつめそうせき

英語教師を経てイギリスに留学。帰国後、『吾輩は猫である』を発表。小説家としての能力が高く評価され、『朝日新聞』に専属小説家として入社。独自の小説世界を構築し、近代日本の代表する作家となった。本名は金之助で、「漱石（負け惜しみが強い頑固者という意味）」の号は子規から譲り受けたもの。享年49歳。

正岡子規　まさおかしき

父は松山藩の下級武士。松尾芭蕉《まつおばしょう》崇拝の俳句の形骸化を指摘し、平明な写生句を唱えた。しかし結核を患い、病床から俳誌『ホトトギス』を指導。「歌よみに与ふる書」を連載して短歌革新に着手し、根岸短歌会を主宰した。死の直前まで創作活動を行い、34歳で亡くなった。高浜虚子、伊藤左千夫《いとうさちお》など多くの門弟を輩出した。

津田梅子×山川捨松×永井繁子×アリス・ベーコン

日本初の女子教育を夢見た４人

諸外国との交流を限定していた侍《さむらい》の国から、欧米の先進国に負けない国へ移り変わろうとした明治日本では、西洋文化を取り入れた急進的な改革が進められていた。明治新政府は、江戸幕府の負の遺産であるアメリカとの不平等条約の改正相談のため、「岩倉具《いわくらとも》視《み》使節団《しせつだん》」を編成しての欧米視察を予定していた。使節団にはのちの初代総理大臣、伊藤博文《ひろぶみ》ら政府要人や役人のほか多数の留学生が参加。女子にもその枠が設けられ日本初の女子留学生が誕生した。６歳の津田梅子《つだうめこ》、９歳の永井繁子《ながいしげこ》、12歳の山川捨松《やまかわすてまつ》、15歳の吉益亮子《よしますりょうこ》、上田貞子《うえださだこ》、５人の女子留学生は、横浜から出港しサンフランシスコに向かう船の中、同じ部屋で過ごした。親元を離れて慣れない共同生活を送る少女たちの間に、深い友情が芽生えたであろうことは想像にたやすい。

　サンフランシスコ上陸後ワシントンD.C.へに到着した5人は、初代駐米外交官を務めた森有礼《もりありのり》の世話のもと英語の勉強をはじめた。しかし、留学から1年経たずして吉益亮子、上田貞子の二人は帰国。すでにティーンエイジャーとなっていた二人は、アメリカでの生活に馴染めず体調を崩してしまったのだ。残された梅子たちは留学期間として定められていた10年をアメリカで過ごすことになった。出航前に皇后と謁見《えっけん》し日本女性の規範となるよう激励されたこと、留学費用に加え年８００ドルの小遣いが国から支給されていたことは、少女たちに、自分たちが恵まれた環境にあることを自覚させ、責任感を芽生えさせるには十分だった。お国のために使命を果たす盟友となった梅子、捨松、繁子は、自分たちを「ザ・トリオ」と呼んで心の支えにしていたという。

3人はそれぞれホストファミリーに預けられることになったのだが、捨松はホスト先のベーコン家で2歳年上のアリスと出会う。年の近かった二人は意気投合。姉妹同然に過ごす中で、日本で女子のための学校をつくる夢を持つようになった。捨松がアリスを梅子と繁子に紹介すると瞬く間に絆が生まれ、二人の夢は4人の夢となる。そうして留学期間を終えた繁子は帰国。1年後には期間を延長していた梅子と捨松が帰国した。この時点では、優秀な成績で大学を卒業し学士号を取得した捨松が、アリスの協力を得ながら学校づくりを主導し、梅子と繁子は捨松を助けていくという計画だったことが、捨松がアリスに宛てた手紙から見て取れる。

11年ぶりに日本に帰ってきた梅子と捨松は、カルチャーショックを受ける。キリスト教の洗礼を受け、日本語を忘れるほどアメリカでの生活に順応していた梅子にとって、日本女性の地位の低さや不自由さはとりわけ目についた。「アメリカでさえ、男であればよかったとよく思ったものですが、日本ではよりいっそうそう感じます」と、ホストファミリーへの手紙に書き残している。女子留学生への冷遇も梅子たちに日本女性の不遇を思い知らしめた。男子であれば国費留学生はいわばエリートであり、帰国後には政府高官となるポストが約束されていたはずだが、彼女たちには働き口が用意されていなかったのである。繁子だけは、西洋音楽という専門分野を学んでいたこと、ピアニストという日本初の職業を確立できたことから運よく公職に就くことができたが、梅子と捨松は経済的に実家を頼るほかなかった。

子どもが貴重な労働力だった明治時代。梅子らの留学当初こそ、「優秀な子どもたちを育てるためには育児の担い手である母親に知識がなくてはならない」といった女子教育による子育て論が生まれたり、階級や性差の別なく国家による初等教育を進める「学制」が出されたりしたが、母親とともに家事育児の担い手であった女子をわざわざ遠くへ通わせて実生活に役立たない知識を得させようとする一般家庭はほぼなかった。急進的な文明開化への反動から、欧米の文化文明を取り入れることをやめて日本の古き良き時代を懐かしむ動きが強まっていったことも、女子教育が停滞した要因だ。そうして女子留学生たちは、レンガ造りの街並みや散切《ざんぎ》り頭の侍から取り残され、忘れられた存在となっていたのである。しかし、逆境にありながら男性と肩を並べて留学したという自負が、梅子と捨松に「気の毒な日本女性たちの地位を向上させるために何かしたい」と、使命感を抱かせた。帰国から2か月ほどで、捨松は自分たちの手で何とか生徒4～5人からでも私塾を開けないかと模索し、設立費用の用立てを打診する手紙をアリスに送っている。

女子学校設立への志に燃える二人だったが、当時としては珍しく結婚を本人の自由に任せていた梅子の父とは違い、高位の武家の家系にあった捨松のもとにはいくつかの縁談が持ち上がっていた。17、18歳が女性の結婚適齢期とされていた当時の日本において、帰国時すでに23歳になっていた捨松はオールドミスとみなされたのである。繁子が留学先で出会った、同じく留学生の瓜生外吉《うりうそときち》と恋愛結婚していたことも、結婚や恋愛を二人により意識させた。そういった中で、梅子は、日本で唯一恋愛結婚ができるのは上流階級の男性と芸者だけだとし、「本当に愛されていなければうまくやっていけないと思います。今の日本女性のように従順で恭しく《うやうや》なんてできないのですから」「愛のない結婚は絶対にしない」と宣言するような調子だった。一方捨松は「20歳を過ぎたばかりなのに売れ残りだなんて信じられない」としながらも、「完全に仕事への熱意が失せてしまいます」「自分自身の家庭もあり、良いお給料がもらえる定職もある繁子がみんなの中で一番幸せ者です」とアリスへの手紙で嘆いている。

そんな中、捨松はかねてより懇望されていた18歳年上の陸軍大臣・大山巌《おおやまいわお》との結婚を決意する。兄の家で世話になる中、経済的独立の必要性を痛感した捨松は、日本女性にとって結婚することは不可欠であり、結婚しなければ身動きが取れないとの考えに至ったのだ。「大事にしてきた計画を諦めることで、日本へ貢献できると信じています。もちろんこの結婚は奉仕のためだけではなく、自分自身の幸せを考えてのことです」。梅子たちとともに教壇に立つという夢を諦め、政府高官の妻という肩書によって日本女性に貢献する。そう決心した捨松からアリスへ送られた弁明の手紙は、まるで自身自身に言い聞かせているかのようだった。

捨松の結婚は梅子に大きな孤独と落胆を味わわせた。そして、捨松に代わり自身が先頭に立って女子学校をつくることを決心させたのだ。梅子は、富と安定を得られる結婚ではなく、貧しくても自立した自由のある独身を選んだのである。同じように独身という自由を謳歌し、アメリカ国内から日本で活動していたアリスというロールモデルがいたことも、心の支えになったのだろう。アリスも捨松の結婚を少なからず残念に思ったようだが、「既婚女性にはハンディキャップがあるのです。独身女性のように自分のやりたいことをやって失敗しても自分だけが困るのではなく、夫の意向や子どもの将来を考えなくてはいけないのですから」と、寛容な様子を梅子への手紙の中で見せている。梅子もまた、愚痴をこぼしながらも捨松や繁子と「完全に別々になってしまうことはないと信じています」として、彼女たちを自分と同じように日本について考え感じているソウルメイトと位置づけていたことが、ホストファミリーへの手紙からわかる。梅子たちにとって結婚は、それぞれの未来を分ける重大な決断であったが、同時にお互いのスタンスを認め、違いを乗り越えて支えあう、より強固な絆へ変化するためのターニングポイントでもあったのだ。

同じ頃、梅子は留学以来会っていなかった伊藤博文と再会。彼女が職を探していると知った伊藤から家庭教師を依頼されるのだが、これを機に梅子の教師への道が開けていく。伊藤の薦めで桃夭女塾《とうようじょじゅく》という私塾の英語教師を勤めて実績を積むと、元皇族や政府高官など上流階級の子女のために国が新設した華族女学校（現学習院）の教授補に抜擢された。これには伊藤の推薦のほか、設立準備委員のメンバーとなっていた捨松によるところも大きい。梅子とともに教鞭をとることを諦めた捨松だったが、女子学校設立と女子教育への情熱は失っていなかったのだ。さらに梅子から教員に推薦されたアリスが来日。女子学校設立という夢への道に光が見えてきたのである。夢の実現には教育者になるための高等教育が必要と感じた梅子は、アリスの帰国に先立って再度渡米。ブリンマー大学へ留学し、学長から残留を願われるほど優秀な成績を修めた。さらに日本女性の留学を助ける奨学金制度を立ち上げることに成功して帰国した。

梅子は華族女学院を辞め、自身の学校設立を願い出た。そうして、良妻賢母を育てるこれまでの女子教育と一線を画した、先進的で知識レベルの高い女子教育を目指す「女子英学塾」を創立する。ついに4人の夢が叶ったのだ。梅子の学校で働くため開校式の一か月前に来日したアリスは、無給で教壇に立ち、塾としていた屋敷に住み込み家賃を払うことで経費を肩代わりした。捨松は塾の資金募集委員長や顧問となって財政支援をしたり、梅子の不在時に校長代理を務めたりと、協力を惜しまなかった。繁子も子育てで忙しい合間を縫って欠かさず総会に参加し、公費募集の発起人や梅子の立ち上げた奨学金制度の日本側委員長となった。

女子教育に生涯を捧げた梅子と、それを一生かけて支援したアリス、捨松、繁子。励まし助け合い、ときにぶつかりながら培った4人の絆から実現した夢、女子英学塾は、彼女たちの友情とともに「津田塾大学」として今日に至るまで続いているのである。

津田梅子　つだうめこ

女子教育のパイオニア。6歳のとき、日本初の女子留学生に選ばれて渡米し、西洋式の教育を受けながらアメリカで11年間を過ごす。帰国後、日本女性の地位の低さにカルチャーショックを受け、女性が高い水準の教育を受けることができるよう、女子英学塾（現津田塾大学）を開校。

永井繁子　ながいしげこ

梅子とともに選ばれた女子留学生の一人。ヴァッサー大学音楽科で西洋音楽を学び、日本初のピアニストとして東京音楽学校（現東京芸術大学音楽学部）や女子高等師範学校（現お茶の水女子大学）で教鞭をとった。海軍士官だった瓜生外吉と恋愛結婚。瓜生家は梅子ら帰国子女のサロンとなっていた。

山川捨松　やまかわすてまつ

梅子とともに女子留学生に選ばれてアメリカに渡り、名門私立女子大学のヴァッサー大学を卒業。日本女性初の学士号を取得する。帰国後に陸軍大臣の大山巌と結婚、大山侯爵夫人として社交界で活躍し「鹿鳴館《ろくめいかん》の花」と呼ばれた。女子英学塾の顧問を務め、梅子にとって姉のような存在だった。

アリス・ベーコン

ホストファミリーの一員。捨松と姉妹同然に育ち、梅子や繁子とも友情を築いた。アメリカで教職についていたが、捨松や梅子に招かれて華族女学校（現学習院）や女子英学塾などで働いた。梅子らとの交流や来日の経験をまとめた彼女の著書『明治日本の女たち』（原題 Japanese girl and woman）は、明治日本の実情を知る貴重な史料となっている。

石川啄木 × 金田一京助

無頼の天才詩人に
惚れ込んだ言語学者

石川啄木《いしかわたくぼく》は26年という短い生涯の中で多くの名作を生み出し、世を去った。

たはむれに　母を背負ひて　そのあまり　軽きに泣きて　三歩あゆまず

はたらけど　はたらけど猶《なお》　わが生活《くらし》　楽にならざり　ぢつと手を見る

——平易な口語表現を用いて日常でふとこぼれる感慨を表現した短歌は、今も多くの人の心をつかんでいる。

前述の2首から清貧の中で耐え忍ぶイメージのある啄木だが、実際は真逆だった。友人から借金をして金が入れば酒を飲み、女遊びに明け暮れ、そして金がなくなればまた借金をする。啄木は働きこそすれど、それ以上に出ていく金の方が大きかったのだ。後世に残るすばらしい作品を生み出す才能がありながら、人間としてはどうしようもない……それが啄木だった。そんな啄木に対して、友人・知人は当然のごとく愛想をつかしていく中で唯一啄木を支え続けたのは、4歳年上の同郷の先輩・金田一京助《きんだいちきょうすけ》だった。

啄木と京助が出会ったのは、二人の地元・岩手県の盛岡高等小学校の在学時である。岩手県立盛岡中学校に進んだ京助は、2年生のときに島崎藤村《しまざきとうそん》の『若菜集』に出会い、文学に目覚めた。その後、与謝野鉄幹《よさのてっかん》が主催する詩歌雑誌『明星《みょうじょう》』に作品を投稿し、花《か》明《めい》と号して盛岡中学校の回覧雑誌に寄稿するなど文学活動を行った。幻想的な小説も書く文学少年だったのだ。

啄木を文学の道へ導いたのは京助だった。『明星』を啄木に貸し、詩歌の魅力を二人で熱く語り合った。京助に影響されて文学に没頭していった啄木は、自ら回覧雑誌を編集発行し、新聞『岩手日報』に作品が掲載されるまでになった。ところが、進級するにつけ文学と恋愛に熱中して学業をおろそかにしてしまう。盛岡中学校の入学時には10番だった成績も、カンニングして試験をやり過ごす始末。ついに明治35年(1902)、最終学年の5年生のときに退学してしまった。


自分を天才だと信じて疑わない啄木は、文学で身を立てることを決意。退学前に『明星』に作品が掲載されたこともあり、鉄幹を訪ねて上京するが失敗に終わる。生計を立てられず、さらに病に倒れたことで父親によって郷里へ連れ戻された。

一方、盛岡中学校を卒業した京助は、仙台の第二高等学校に進学していた。文学に熱中し、啄木らと楽しく過ごした盛岡中学校時代と異なり、京助は悩んでいた。啄木のように恋愛に熱中して他を投げ捨てるほどの情熱を持たない、平凡すぎる自分に文学の才能はあるのか、と。

明治37年(1904)、京助は東京帝国大学に進学し上京した。そこで京助を魅了したのは言語学の世界だった。言語学者・上田万年《うえだかずとし》の「アイヌ語研究は、世界に対する日本の学者の責任ではないか」という言葉をきっかけに、京助はアイヌ語研究に身を投じていく。他に研究者がほとんどいない、手探りの挑戦だった。アイヌ語の実地調査から戻った京助は、中学校講師の職を得て明治41年(1908)に東京本郷にある赤心館《せきしんかん》を下宿先とした。そこに転がりこんできたのが、啄木だった。

その頃の啄木は処女詩集『あこがれ』を発表し、新進の天才詩人として注目を集めていた。19歳で中学校時代からの恋人・堀合節子と結婚し、母校の代用教員の職を得るが、住職である父が金銭問題などで寺を退去したため家族を養うことになった。薄給だったため職を求めて北海道にわたり、代用教員や地方新聞記者などの職を転々とするが、生活が安定しない困窮の中で、啄木は中央文壇から離れて創作することへの焦りがあった。小説家を目指していた啄木は、家族を函館《はこだて》の友人にあずけて単身東京へと向かう。

上京してまもなく、郷里の先輩である京助がいると知った啄木は、京助の下宿先に転がり込んだのだった。啄木22歳、京助26歳のときのことである。遠慮など知らない啄木は、勝手に酒を飲み、飯を食う。生活費も下宿代もすべて京助頼み。そもそも4年前に啄木が二度目の上京を果たした際に、京助から借りた金も返していない。啄木は多くの小説を書いたが、いっこうに売れる気配はない。それどころか、家族にばれないのをいいことに遊郭《ゆうかく》通いをはじめ、演劇界で知り合った女を家に呼び込んだりと女遊びは激しくなるばかり。そして金がなくなっては京助をはじめ、知人に金を借りるのだった。

父が住職を務める寺で幼少期を過ごした啄木は、お布施《ふせ》のごとく他人から金品を供されることは当然だと思っていたのかもしれない。友人・知人から借りた金は、当然のように踏み倒した。啄木が亡くなる2年ほど前に書いた「借金メモ」には、合計金額１３７２円50銭、現在の金額に換算して１０００万円以上もの借金が記されている。

割を食ったのは京助だ。大学を出たての講師である京助の月給は35円。二人分の下宿代30円を払ってしまうと、ほとんど金は残らなかった。啄木を甘やかすことになると知りながらも、京助は啄木の面倒をみることをやめなかった。自分の服を質に入れてでも、啄木が文学活動に没頭できる場所を守った。「啄木は最初から嘘をつこうとか、借金を踏み倒そうと思っているわけではない。自分ではできると思っているのに、結果としてできなかっただけなのだ。だからなんとかして助けてあげたい」――お人好しの京助の心には、弟のような存在の啄木をかわいがる気持ちの一方で、自分には手の届かない文学的才能への憧憬があったのではないだろうか。二人は毎日のようにお互いの部屋を行き来しては熱く文学について語り合い、ときには一緒に活動写真を見に行く生活を続けた。

転がり込んでから4か月ほど経った頃啄木が、下宿先の主人から厳しく下宿代の催促を受けたため、京助は衝動的に蔵書の文学書すべてを売り払ってしまう。こうして啄木の下宿代を立て替えた京助は次の下宿先を探し、啄木とともに引っ越した。このことは、啄木が文学活動に没頭できる場所を守ったのと同時に、京助の文学との訣別《けつべつ》の象徴でもあった。啄木を文学の道へ導いた京助は、啄木によって文学の道を断念したともいえる。それでも啄木との生活を守ることができた京助は、どこか晴れ晴れした気持ちだった。新しい門出を祝って二人はビールで祝杯を挙げたが、後年、京助は「このときのビールほど、様々な味をもったビールを飲んだことがない」と述懐する。

下宿先を替えた後も二人はともにあった。ときには花見に、ときには浅草公園へ遊びに行き、くだらないことで笑い転げる。一日ペンを握っていても書けないと愚痴をこぼす啄木に対し、京助は創作の興を起こさせるよう、あれやこれやと言葉を尽くした。

明治42年（1909）、啄木は『東京朝日新聞』に校正係の職を得たことで家族を東京へ呼び寄せ、こうして約1年間にわたる二人の共同生活は終わりを迎える。しかし、二人は別々に暮らすようになっても頻繁に行き来した――というより、啄木が京助のもとに金の無心にやって来た。同年、啄木の紹介により7歳年下の林静江《はやししずえ》と結婚した京助の暮らし向きも楽ではなかった。それでも着物を売ってまで啄木に金を貸すありさまで、妻からは「啄木と私、どっちが大事なの」と詰め寄られるほど。京助の長男・金田一春彦《はるひこ》はこの頃の話をよく母から聞かされており、家にやって来てはお金を持っていく啄木のことを、名字が同じなだけに有名な大泥棒・石川五右衛門《ごえもん》の弟か何かのように思っていたという。

京助が結婚した翌年に、啄木は歌集『一握《いちあく》の砂』を発表、小説から短歌に表現方法を切り替える。人生の悲哀を謳った作品は一躍注目を集め、啄木は歌人としての地位を確立した。しかし、この頃すでに病魔が啄木の身体を蝕《むしば》んでいた。京助は妻から啄木との交友をとがめられてから、啄木とは疎遠になりつつあった。しかし、啄木が重篤であることを知ると、自宅から金を持って啄木のもとへ駆けつけた。明治45年（1912）、4月13日早朝、啄木の妻から急報が届く。啄木が危篤状態――京助は若山牧水《わかやまぼくすい》とともに啄木のもとを訪れた。そのとき病床の啄木は意識を回復し、言葉を交わすこともできた。「啄木は大丈夫だ」と安心した京助は仕事へ出かける。しかし、その直後、啄木は息を引き取ってしまう。仕事から戻って来た京助が対面したのは、すでに亡骸となった親友の姿だった。

息を引き取るその瞬間に親友のそばにいてやれなかったことを、京助は悔やみ続けた。その後悔からか、京助はアイヌ語研究や多くの辞書の編纂《へんさん》にたずさわる一方で、親友・啄木のことを多くの人に知ってもらおうと書籍や雑誌に啄木との思い出を書き残した。「年若い君に先立たれた私は、君の亡きあとを、甲斐もなく生き残って、さまざまな世も人をも見た」——文学の道をあきらめた京助だが、名もなき人々が語り継いだ言語を研究し続けた。また彼が制定に貢献した現代かなづかいは、現在の私たちの生活の中で息づいている。

何かに急き立てられるように破滅的な生活を送った啄木は、「予は孤独を喜ぶ人間だ」と天才の孤独を日記に書き記している。「人はその全体を知られることは難しい。要するに人と人との交際はうわべばかりだ」——そう嘆く啄木だが、長女の名前は京助から一字とって「京子」と名付けた。京助を振り回し続け火花のような人生を送った啄木と、啄木を見放すことなく見守り続けた京助。二人の少しいびつな友情は終生変わることはなかったのである。

石川啄木　いしかわたくぼく

明星派の影響を受け、20歳で詩集『あこがれ』を出版して早熟な才能を示す。生活難のため母校の代用教員などの職を経て上京。小説を書いたが認められず、困窮の生活を送る。『一握の砂』を刊行し歌人としての地位を確立した。また大逆《たいぎゃく》事件に衝撃を受けて社会主義に傾倒し『悲しき玩具』（死後に刊行）などを残した。肺結核《はいけっかく》により26歳で死去。

金田一京助　きんだいちきょうすけ

中学校在学時に『明星』の同人となる。東京帝国大学卒業、アイヌ語研究をライフワークとし、アイヌ叙事詩「ユーカラ」を紹介した。『中等国語』『高等国語』など教科書の編修も行い、戦後は国語審議会委員を務めて、現代かなづかいの制定に貢献した。『辞海』『新選国語辞典』など多くの辞典の編纂・監修者としても有名。

宮沢賢治×保阪嘉内

『銀河鉄道の夜』
カムパネルラのような友

ジョバンニとカムパネルラという二人の少年が、銀河鉄道に乗って宇宙を旅する。天の河を駆ける旅の結末には、カムパネルラの死という二人の別れが待っていた……宮沢《みやざわ》賢治《けんじ》の童話『銀河鉄道の夜』はその幻想的な物語性と、多様な解釈を許容する奥深さから今も多くの人々を魅了し続けている。

この作品の根底には、大正11年（1922）の妹トシとの死別があることが指摘されてきた。ところが、賢治が友人に宛てた手紙が公表されたことをきっかけに、彼の作品に大きな影響を与えたと思われる人物が浮かび上がってきた。賢治に「ただ一人の友」と言わしめ、やがて訣別《けつべつ》を迎えることになる保阪嘉内《ほさかかない》がその人物だ。

嘉内は賢治と同い年だが、賢治よりも1年遅れて盛岡高等農林学校に入学した。寄宿舎「自啓寮《じけいりょう》」に入った嘉内は、2年生に進級していた19歳の賢治と同室になる。大正5年（1916）4月のことである。盛岡高等農林学校は、冷害により東北の農業が危機的状況にあったことを背景に、日本で初めての官立高等農林学校として開設された。裕福な商家に育ち、幼い頃から自然や鉱物に夢中だった賢治は、これまでに得た知識や経験を社会に役立てることができることを、ここで学んだ。一方、嘉内は入学の理由を「トルストイを読んで百姓の仕事の崇高さを知り、それに浸ろうと思った」と語る。

同室となった二人は急速に仲を深めていった。入学早々、石川啄木《いしかわたくぼく》が好きだという嘉内を、賢治は盛岡中学校のバルコニーに案内している。賢治は啄木と同じく盛岡中学校の出身で、啄木の11年後輩にあたる。賢治が中学校に入学した翌年に啄木の『一握《いちあく》の砂』が刊行されており、賢治の詩の三行書き、四行書きは啄木に影響されたという説もある。夕日を眺めながら二人は短歌のことや啄木のことを語り合ったのだった。

しかし賢治は文学的にシャイだったようで、中学校時代から短歌を創作していたが、盛岡高等農林学校に入学してからも公の場には発表していなかった。一方、嘉内は入学して1か月後、寮の懇親会のために「人間のもだえ」と題する戯曲《ぎきょく》を執筆。賢治を含めた寮の同室者6人の配役を決めて上演した。演劇通であり、自分の書いた戯曲を上演させた嘉内は、農林学校では異彩を放っていた。賢治にとってはこれまで知らなかった世界を知る人物であり、その自信にあふれる姿はまぶしいものとして映ったことだろう。

共同生活を送り、ときには仲間たちと岩手山登山に出掛けた賢治と嘉内は、夏休みまでの3か月間という短い期間で急接近していった。その様子は、夏休みに嘉内へ宛てた賢治の手紙にうかがえる。「あなたが手紙をくれないので、少し私は憤っています」――まるで恋文を待つかのように、賢治は嘉内の手紙を待ち望んでいた。この後、賢治は2日おきに旅行中につくった短歌を嘉内に書き送った。賢治のシャイな性格は嘉内との交流で変わっていき、2年生の秋頃からは校友会雑誌に短歌を載せるようになった。

翌年の大正6年（1917）、3年生になった賢治は寮を出て弟たちと下宿生活を始めた。この年の7月、賢治や嘉内を含む有志4人で同人雑誌『アザリア』を発行。その日、アザリア会メンバーたちは、互いに論評し合い終夜語り明かしたが、それでも創刊の興奮は冷めやらない。誰からともなく「雫石《しずくいし》（岩手県岩手郡）まで徒歩旅行しよう」と言い出した。時刻は夜の0時を越え日付も変わっていた。それでも賢治と嘉内を含む主要メンバー4人は、この馬鹿げた提案を実行した。盛岡を出発して雫石まで歩き通す――賢治はこのときの様子を詩情に満ちた青春の1ページとして残している。嘉内も日記に「馬鹿旅行日記」と題し、「若者のおろかさも　いまは高じ果て　この夜の道を歩まんといふ」と歌を残した。この一夜は4人の結びつきを強くし、深く心に残ることとなった。

この徒歩旅行から1週間後の7月14日、15日に、賢治と嘉内の二人は岩手山へ登山に出掛けた。この二人だけの登山は、後の嘉内宛ての賢治の手紙の中で何度となく繰り返し語られるほど大切な出来事となった。山を歩き、夜空を飽きることなく眺め続けた二人は、ある誓いを立てた。後に嘉内に宛てた賢治の手紙はこう記す。

「かつて盛岡で私たちの誓った願い――私たちと衆生《しゅじょう》（生きとし生けるもの）と無上道《むじょうどう》を成そう、これをどこまでも進みましょう」

無上道とは仏教用語でこの上なくすぐれた道、すなわち最高の悟りを指す。みんなが幸せに生きる理想の国をつくろう、その道を歩むためならば自己犠牲もいとわない――そんな切実な願いに似た誓いであったことが賢治の手紙からはうかがえるのだ。

賢治は中学校の頃から法華経《ほけきょう》に傾倒していた。一方、嘉内は江戸時代から続く禊教《みそぎきょう》(神道の一種)の熱心な信者の家系で、「人には情け深く、善を尽くす」ことを伝統的な家風としていた。宗教性に裏付けられて、二人は生き方を共有したのだ。このときの二人にとっては誓いだけで十分だっただろう。具体的にどうするかは二の次で、ともに人々の幸福のために生きるという漠然とした誓いだからこそ、夢は無限に広がった。ともに夢を見ることで、同じ道を歩む同志として二人はますます固く結ばれた。このときの誓いは「銀河の誓い」とも呼ばれている。

二人はその後も呼応し合うかのように『アザリア』誌上に作品を発表し、友情を深めていった。ところが賢治が卒業を控えていた大正7年(1918)、嘉内は突然学校から除籍処分を受けた。本人への通知もなく校内掲示という一方的なものだったという。除籍の理由は発表されなかったが、『アザリア』に掲載した文章――「おれは皇帝だ。おれは神様だ。おい今だ。帝室をくつがえすのときは、ナイヒリズム(ニヒリズム)」――が過激であったためとされている。このとき賢治は、「私たちが新しい文明をつくり上げる時は遠くないでしょう。けれど、それまでは静かに深く心を修めて、大きな基礎をつくっておこうではありませんか」となぐさめた。

学校を去った嘉内は、農業者になることを決意して山梨へ帰郷。その後1年間は志願兵として入隊した。一方、賢治は卒業後の進路をめぐり父と対立していたが、研究生として学校に残った。しかし、結核《けっかく》の初期症状である肋膜炎《ろくまくえん》と診断され、郷里の花巻《はなまき》に戻ることになる。賢治はこのとき、『アザリア』の同人仲間に「私の命もあと15年もあるまい」と言い残したという。病が影を落としたのは賢治だけでなく、妹トシも同年に入院。賢治はこの頃から童話の創作を始めるようになった。

この間、賢治と嘉内は離れ離れになっても数多くの精神的な書簡のやりとりを行った。しかし、より法華経に傾倒していった賢治の手紙は、宗教色を強く帯びるようになっていった。嘉内に法華経への帰依《きえ》・入信を熱心に勧めるが、嘉内は入信への道はとらなかった。賢治はすがるように嘉内へ呼びかけた――「私が友、保阪嘉内。私が友、保阪嘉内。我を棄《す》てるな」と。

日蓮宗の国柱会《こくちゅうかい》に入会した賢治は大正10年（1921）ににわかに思い立って上京した。国柱会での奉仕活動に励む一方、文学による布教を目指して童話を執筆。そしてこの年の7月、軍隊に入っていた嘉内が東京の兵舎に入営し、二人は3年ぶりの再会を果たす。上野の帝国図書館で再会したとされるが、再会時の様子は明らかではない。だが、激烈な宗教論争となったらしく、二人はこの日を境に二度と会うことはなかった。ともに一緒に歩むことを誓った二人は、身を裂かれる思いでそれぞれ別の道を歩むことになる。

二人は二度と会うことはなかったが、それでも手紙のやりとりはわずかに続いた。大正14年（1925）から農業に従事するようになった嘉内に宛てて、賢治は「来春は私も教師を辞めて本当の百姓になって働きます」と打ち明けている。そして手紙の最後に「お目にもかかりたいのですが、お互いもう容易なことではなくなりました。童話の本は差し上げましたでしょうか」と記す。この頃から推敲《すいこう》を繰り返していたとされる童話が、『銀河鉄道の夜』だった。

『銀河鉄道の夜』のジョバンニとカムパネルラは、本当の幸いを探しにどこまでも一緒に行こうと約束する。しかし、カムパネルラの姿はふっと消えてしまう。悲しみにくれて目を覚ましたジョバンニは、溺れた級友を救うために犠牲になったカムパネルラの死を知ることになる。ジョバンニとカムパネルラの友情と別離は、賢治と嘉内がともにあろうと望み、けれども叶えることのできなかった軌跡を表しているのだろうか。
賢治は死の直前まで『銀河鉄道の夜』に手を入れていた。そして嘉内への手紙から8年たった昭和8年（1933）、37歳で亡くなるおよそ1か月前に『銀河鉄道の夜』の清書を終えたのだった。

宮沢賢治　みやざわけんじ

岩手県出身。農学校の教師をしながら詩や童話を執筆。のちに教師を辞めて農業指導者となり、農民生活の向上に尽くした。独特の宇宙感覚と想像力が幻想的な世界を生み出し、『銀河鉄道の夜』『風の又三郎』などの作品が有名。作品中に登場する架空の理想郷に、郷里の岩手県をモチーフとしてイーハトーブと名付けた。

保阪嘉内　ほさかかない

山梨県出身。トルストイや白樺派の影響を受けて自然礼賛、農村憧憬の思想を抱き、盛岡高等農林学校に入学。賢治らと同人雑誌『アザリア』を創刊する。同校を除籍処分となった後、帰郷し農業に従事。除隊後、新聞記者などを経て再び農業に従事した。上京後は農村副業の開発に取り組むが、志半ばにして胃がんのため40歳で死去。

与謝野晶子×平塚らいてう×山川菊栄

女性解放のために
熱く議論を交わした女たち

第一次世界大戦を境に資本主義化が進み、貧富の差が拡大していった大正時代。劣悪な労働環境下で働く農村出身の貧しい女工《じょこう》が増える一方で、教員や電話交換手などの「職業婦人」の数も増えていた。

女性を取り巻く環境が大きく変わっていく中、女性が直面する問題について熱い論争が繰り広げられた。この「母性保護論争《ぼせいほごろんそう》」と呼ばれる論戦で熱く議論を交わしたのが、与謝野晶子《よさのあきこ》と平塚《ひらつか》らいてう、そして山川菊栄《やまかわきくえ》らだった。

大正7年（1918）から翌年にかけて行われた母性保護論争は、おもに母の育児に対する国家給付の是非について論じられた。晶子は「女子の徹底した独立」を目指し、「経済的に自立できない状況下にあるならば、女性は妊娠・出産をすべきではない」と主張。これに対し、らいてうは人類の将来のためには「妊娠・出産・育児期の女性は国家によって保護されるべき」と反論した。

「母性に甘えるな」とする晶子と、「母性を社会で支えましょう」とするらいてう。こう見ると、晶子は経済的に恵まれた、今でいうところの「バリキャリ（仕事を優先して働くキャリアウーマン）」、対してらいてうは子どもを抱えて日々の生活に悩む庶民の母親のように思えるかもしれない。ところが、実際は晶子は12人もの子を産みつつ家計を支えた苦労人。一方、裕福な家庭に生まれたらいてうは避妊により出産を2回に留め、堂々と産児制限を唱えた婦人解放運動家だった。当時、晶子は40歳、らいてうは8歳年下の32歳。二人のたどってきた人生はどのようなものだったのだろうか。

晶子は堺の老舗《しにせ》和菓子屋の三女として生まれた。古典に親しんで文学少女として成長し、家業を手伝いながら文学雑誌に短歌や詩を投稿した。

転機となったのは、歌人の与謝野鉄幹《てっかん》との出会い。鉄幹が明治33年（1900）に文芸誌『明星《みょうじょう》』を創刊すると、晶子は短歌を投稿。互いの才能を認め合い恋仲となった二人だが、鉄幹にはすでに内縁の妻と子どもがいた。二人の不倫関係はゴシップとなり怪文書まで出まわる始末だったが、それでも晶子の才能にほれ込んでいた鉄幹は彼女の処女歌集『みだれ髪』をプロデュース。晶子も恋心を抑えきれず、着の身着のままで実家を出奔《しゅっぽん》。鉄幹のもとへ飛び込んだ。妻子と別れた鉄幹と結婚したのは、晶子23歳のときだった。

情熱的な恋愛感情を赤裸々にうたい上げた『みだれ髪』は、近代短歌の幕開けを告げるものとなった。晶子はたちまちロマン主義文学の中心的人物に。しかし一方で、鉄幹は歌才はあっても商才はなく、『明星』の出版費用も重なって生活は苦しくなっていった。

親から勘当された晶子は実家を頼ることもできず、実家から送られてきたのは一通りの着物だけ。結婚の翌年には長男も生まれ、晶子は家計を支えるために頼まれたものはなんでも書いて金を稼いだ。鉄幹は別れた妻に金を無心していたようで、プライドの高い晶子には精神的にもつらい状況にあった。

『みだれ髪』から3年後、晶子は長編詩「君死にたまふことなかれ」を発表。日露戦争に出兵した弟の無事を願った詩は非戦詩として有名になるが、当時は「危険思想」と非難された。それでも晶子は時代の空気に流されず、勇気をもって「嫌なものは嫌だ」と本音を世に問うたのである。

晶子の批判精神はこれだけにとどまらなかった。世を騒がせたこの二作を契機に一躍文学界のスターとなった晶子は、社会・政治評論も執筆。女性解放や女性の自立について、鋭い切り口で論陣を張るようになっていった。「母性保護論争」の前年には11人目の子が幼くして亡くなっており、10人の子を抱え、無収入に近い鉄幹を支えて孤軍奮闘の最中だった。晶子の徹底した女性の経済的自立の主張は、そうした自らの生活体験に裏付けられていたのだ。

一方、らいてうは高級官僚の父を持ち、裕福な子ども時代を過ごした。らいてうは当時女子が唯一通える大学であった日本女子大学に入学。しかし翌年には日露戦争に突入し、大学も「女性は家庭にあって家の発展につくすべきで、天下・国家のことに関与すべきではない」という良妻賢母・国家主義教育に力を入れるようになっていた。だが、らいてうは良妻賢母教育に反発し、卒業後は結婚の道を選ばず英語や文学を学び続けた。

明治44年（1911）、25歳のらいてうは日本初の女性による文芸誌『青鞜《せいとう》』を創刊。「原始、女性は太陽であった」というフレーズで始まる『青鞜』は、男尊女卑にがんじがらめに囚われていた女性たちに大きな影響を与えた。晶子もこの『青鞜』の創刊に参加し、女性による新たな文芸運動を応援した。

しかし、らいてうらは「新しい女」として世間からは好奇の目で見られ、非難を浴びることに。らいてう自身は非難に屈することなく、法律によらない男女の共同生活を自ら実践してみせる。5歳年下の画学生・奥村博史《おくむらひろし》との事実婚を選び、因習《いんしゅう》的な家族制度を否定する態度を貫き、二人の子どもをもうけたのである。

ところが、博史は仕事もせずぶらぶらした生活を続けていたようで、晶子と同様、生活費を得るのはらいてうの肩にかかっていた。ただし、晶子と異なっていたのは、幸いにらいてうは資産家の親を頼ることができたこと。とはいえ、稼ぎのない夫との暮らしは金銭的に苦しかったようで、女中《じょちゅう》を失ったことにより家事に忙殺されて原稿を書く時間がとれないことを嘆いている。「こんな日が今後続けばきっと馬鹿《ばか》になるに違いない」という知識人らいてうの焦燥感は、キャリアと出産・育児を天秤にかける現代の働く女性に通じるものがあるだろう。こうした経験から、らいてうは現実の困難を指摘し、社会的に母性を保護すべきだと反論したのである。古い価値観への反対を貫き、新しい女性の生き方を模索してきた二人は、熱く議論を交わしながらも決して譲ることはなかった。

らいてうの母性保護の理論のもとには、エレン＝ケイの思想があった。スウェーデンの教育学者であり女性運動家のケイは、「女性が母性を発揮することは男性が労働で生産性を上げるのと同様の意味がある」とし、「母性が十分に発揮されれば人類の進化に寄与する」と説いた。これに対し、晶子は「女性が世の中に生きて行くのに、なぜ母となることばかりを中心要素とせねばならないのか」と疑問を呈《てい》した。妻や母という概念は、一人の人間の一側面に過ぎないととらえたのである。

執筆活動もままならず育児に苦戦するらいてうにとって、ケイの思想は自分の状況を肯定する救いでもあった。晶子の批判を見逃せないらいてうは、「あなたはエレン＝ケイをまったく理解できていない」と繰り返し、馬鹿にした口調で反論。晶子はこれに対し「いろいろ教えてくださってありがとう」という文を返すだけに留めたが、負けず嫌いな晶子に火をつけたことは想像に難くない。この後、ケイやらいてうの他の文章を読んだ晶子は堂々と反論に打って出たのだった。

一歩も譲らない二人の主張を受け止め、冷静に分析してみせたのが山川菊栄だった。菊栄はらいてうよりさらに4歳年下の当時28歳。

父は海外経験をもつ官吏《かんり》、母は水戸《みと》藩儒学者《はんじゅがくしゃ》の娘で東京女子師範学校（現お茶の水女子大学）卒という開明的な家庭に育った菊栄の幼い頃の夢は「馬賊《ばぞく》」になることだったという。そんなおてんばな菊栄は、女子英学塾（現津田塾大学）を卒業後、社会主義運動へ参加。幼い頃に家が競売に付された経験から社会問題に関心を持つようになったのだ。26歳で社会主義者の山川均《ひとし》と結婚。『青鞜』誌上で売春問題につい伊藤野枝と論争し、「母性保護論争」にも参戦するようになった。

女性の自立か、それとも母性の保護かをめぐる論争は、欧米社会では相互に矛盾するものとして二通りの女性解放運動の流れを生み出していた。ところが、菊栄は「両者の主張は互いに矛盾するものではない」と主張。女性解放のためにはその二つの主張が達成される必要があり、それは差別のない社会でしか成しえない、と社会主義の立場から新たな視点を提供した。その明快な論理の展開で菊栄は一躍、女性論壇の第一人者となったのだ。

女性だけでなく、多数の男性論客をも巻き込んで大正の論壇を席巻した「母性保護論争」は、結局結論は出なかった。しかしその後、晶子は自由な女子教育を目指す「文化学院」の創立に参画。らいてうは日本初の婦人団体である「新婦人協会」を創設して婦人参政権運動にまい進。菊栄は日本初の社会主義婦人団体「赤瀾会《せきらんかい》」を結成して理論家として若い世代に影響を与えつつ、母性の権利確立に寄与した。

「母性保護論争」で激しく議論を戦わせた3人の女性たち。主張も年代も異なる彼女たちが共有していたのは、天皇制国家の家制度のもとで植え付けられていた男尊女卑という壁を打ち破り、女性の新しい生き方を模索するという大きな目標だった。互いの熱い思いを受け止め合った彼女たちは、それぞれ実践的な女性解放運動の道へ進んでいった。その足跡は日本の女性史に大きな影響を残し、今日に続いているのである。

平塚らいてう　ひらつからいちょう

大正・昭和時代の婦人運動家。明治44年（1911）に青鞜社を設立し、女性文芸誌『青鞜』を創刊。女性の解放を主張し、自らも事実婚など「新しい女」の生き方を実践。「新しい女」として脚光を浴びながらも非難の的となった。大正9年（1920）に市川房枝《いちかわふさえ》らと新婦人協会を結成し、婦人参政権運動に尽力。戦後は平和運動と女性運動に力を注いだ。

与謝野晶子　よさのあきこ

明治から昭和にかけて活躍した歌人・詩人。明治34年（1901）に歌集『みだれ髪』を発表し、奔放な愛の情熱をうたって反響を呼んだ。その後もロマン主義を代表する歌人として多くの歌集を発表。日露戦争の際に発表した「君死にたまふことなかれ」は非戦詩として名高い。婦人問題・教育問題など、幅広い分野において活躍した。

山川菊栄　やまかわきくえ

大正・昭和時代の婦人運動家・評論家。晶子やらいてうらと議論を交わした「母性保護論争」では、社会主義の立場から女性解放を論じ、際立った理論性から若くして評論家としての地位を確立。大正10年（1921）、女性社会主義団体「赤瀾会」を組織。翻訳や著作を通して女性解放運動に尽力した。戦後は労働省婦人少年局の初代局長となった。

かみゆ歴史編集部（中村蒐、滝沢弘康）

「歴史はエンターテインメント！」をモットーに、雑誌・ウェブ媒体から専門書までの編集・執筆を手がける歴史コンテンツメーカー。扱うジャンルは日本史、世界史、地政学、宗教・神話、アート・美術など幅広い。主な日本史関連の編集制作物に、『テーマ別だから理解が深まる日本史』（朝日新聞出版）、『マンガで一気に読める！日本史』『ビジュアル百科 写真と図解でわかる！天皇〈125代〉の歴史』（ともに西東社）、『歴史を深ぼり！日本史を動かした50チーム』（JTBパブリッシング）、『ゼロからわかる日本神話・伝説』（イースト・プレス）、『イラストでサクッと理解 流れが見えてくる日本史図鑑』（ナツメ社）などがある。

［執筆協力］浅野光穂、飯山恵美、稲泉知、野中直美